![LEGO]

Hanes Epig

Ysgrifennwyd gan
Rona Skene

Addasiad gan Elin Meek

RILY

www.rily.co.uk

Golygydd y Prosiect Beth Davies
Golygydd Celf y Prosiect Jenny Edwards
Dylunydd Stefan Georgiou
Cynorthwyydd Golygyddol Nicole Reynolds
Cynhyrchydd Cyn-Gynhyrchu Siu Yin Chan
Cynhyrchydd Lloyd Robertson
Rheolwr Golygyddol Paula Regan
Rheolwr Golygyddol Celf Jo Connor
Cyhoeddwr Julie Ferris
Cyfarwyddwr Celf Lisa Lanzarini
Cyfarwyddwr Rheoli Mark Searle
Addasiad Cymraeg Elin Meek

Adeiladwyd y modelau i ysbrydoli gan
Jason Briscoe, Nate Dias, a Simon Pickard
Ymgynghorydd Hanes Philip Parker
Ffotograffiaeth gan Gary Ombler

Hoffai Dorling Kindersley ddiolch i Randi Sørensen, Heidi K. Jensen,
Paul Hansford, Martin Leighton Lindhardt, Charlotte Neidhardt,
Henk van der Does, Nina Koopmann, a Torben Vad Nissen yng
Ngrŵp LEGO Group. Hefyd, yn DK, Tori Kosara am y testun
ychwanegol; Lisa Stock a Ruth Amos am y cymorth golygyddol;
a Julia March am brawf ddarllen ac am y mynegai.

Cyhoeddwyd gan / Published by Rily Publications Ltd,
Blwch Post 257, Caerffili CF83 9FL
Hawlfraint yr addasiad 2021 Rily Publications Ltd

Addasiad Cymraeg gan Elin Meek

ISBN 978-1-84967-535-2

DK | Penguin
Random
House

Cyhoeddwyd yn wreiddiol yn Saesneg yn 2020 dan y teitl
LEGO® Epic History gan Dorling Kindersley Ltd,
Cwmni Penguin Random House.

Cyhoeddwyd gyda chymorth ariannol
Cyngor Llyfrau Cymru.

Argraffwyd a rhwymwyd yn China.

www.LEGO.com

Cynnwys

Edrycha ar dudalen 68 i weld sut mae adeiladu'r 4 model!

Yr hen fyd

MAE FY NGHARTREF LLE MAE FY NHÂN.

Mae pobl wedi dyfeisio pethau erioed. Yn gyntaf, dysgon ni sut i wneud tân ac offer. Wedyn, defnyddion ni'r offer i adeiladu pentrefi a dyfodd yn ddinasoedd, a llongau i deithio'r byd. Hefyd, dysgon ni sut i ysgrifennu a defnyddio rhifau.

Roedd fflamau'n cadw anifeiliaid gwyllt draw

1 miliwn o flynyddoedd yn ôl
Tân!
Dysgodd ein hynafiaid sut i wneud a defnyddio tân i gadw'n gynnes a choginio bwyd.

3200 CCC
Newyddion yr olwynion
Does neb yn siŵr pwy ddyfeisiodd yr olwyn, ond mae'r ceirt ag olwynion cyntaf yn dod o Fesopotamia.

Roedd ceirt yn cario nwyddau a phobl

3200 CCC
Lluniau geiriau
Yr Eifftwyr a ddyfeisiodd ysgrifen gyntaf y byd. Roedd eu system yn gymysgedd o symbolau a lluniau, o'r enw hieroglyffigau. Roedd hi'n dweud stori.

Meini enfawr o'r enw megalithiau

3000–1800 CCC
Côr y Cewri
Codwyd y gofeb enfawr hon yn Lloegr. Does neb yn gwybod yn union sut a pham, ond daeth rhai o'r meini o Gymru.

2600 CCC
Pyramidiau mawr
Adeiladwyd pyramidiau fel beddrodau gwych i reolwyr yr Aifft a'u teuluoedd.

tua 2000 CCC
Y calendr cyntaf
Dyfeisiodd y Mesopotaniaid prysur galendr gyda 12 mis a thua 30 diwrnod yr un.

210 CCC
Y Fyddin Derracotta
Claddwyd Qin Shih Huang Di, ymerawdwr cyntaf Tsieina, gyda byddin o filwyr clai, i'w warchod yn ei fywyd ar ôl marwolaeth.

Cerfluniau o filwyr mewn rhesi

60 CC
Buddug
Ym Mhrydain, arweiniodd brenhines yr Iceni frwydr yn erbyn y Rhufeiniaid. Doedd hi ddim yn fuddugoliaethus; colli wnaeth hi, ac arhosodd y Rhufeiniaid ym Mhrydain am 350 o flynyddoedd!

117 CC
Y Rhufeiniaid Pwerus
Roedd yr Ymerodraeth Rufeinig ar ei hanterth yn rheoli 60 miliwn o bobl, o'r Aifft i Gymru.

Roedd milwyr yn cario baner o'r enw lluman

DWI AR GERDDED O HYD! MAE 'NHRAED I'N BRIFO.

Porth bwaog

Pentyrrau o blatiau bach LEGO® yw'r rhan fwyaf o'r porth. Mae teilsen grom 1x1 yn y canol yn creu mynedfa fwaog.

Adeilada!

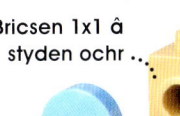

Bricsen 1x1 â styden ochr ...

Teilsen grom 1x1 ...

Cot ffwr drwchus

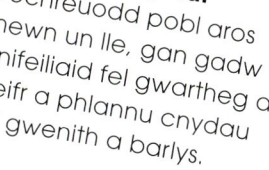

Ysgithredd mawr iforitusks

300,000 CCC
Y bobl gyntaf
Yn Affrica, roedd y bobl fodern gyntaf yn crwydro mewn grwpiau teuluol, yn casglu ffrwythau ac aeron ac yn hela anifeiliaid mawr fel y mamoth gwlanog.

10,000 CCC
Y ffermwyr cyntaf
Dechreuodd pobl aros mewn un lle, gan gadw anifeiliaid fel gwartheg a geifr a phlannu cnydau fel gwenith a barlys.

Cadw gwartheg i gael cig a llaeth

8000–5000 CCC
Yr offer metel cyntaf
Dechreuodd y bobl gyntaf ddefnyddio copr i wneud offer. Roedd yr offer hyn yn llawer mwy miniog a defnyddiol na'r rhai o garreg.

tua 4000 CCC
Pryfed sidan
Yn Tsieina, roedd pobl yn gwneud llinyn sidan o chwilerod pryfed sidan.

Porth Ishtar, Babilon

4000 CCC
Y dinasoedd cyntaf
Ym Mesopotamia, yn y Dwyrain Canol heddiw, tyfodd dinasoedd fel Ur, a Babilon wedyn, wrth i ffermwyr gwrdd a masnachu eu nwyddau.

tua 1500 CCC
Clociau dŵr yr Eifftwyr
Roedd yr Eifftwyr yn nodi amser drwy fesur y dŵr oedd yn diferu o jar.

Jar o garreg a thwll yn y gwaelod

tua 1200 CCC
Yr Oes Haearn
Ar ôl dyfeisio haearn, gwellodd yr offer a'r olwynion hefyd. Felly roedd ffermio'n haws ac roedd cerbydau'n gallu mynd yn bellach nag erioed.

tua 1000 CCC
Morwyr o Phoenica
Roedd y Phoeniciaid yn byw ar lan Môr y Canoldir ac yn adeiladwyr llongau gwych. Roedden nhw'n masnachu â gwledydd eraill ac wedi llwyddo i hwylio o gwmpas Affrica mae'n debyg.

438 CCC
Y Parthenon
Gorffennodd y Groegwyr adeiladu teml enfawr i'r dduwies Athena, oedd yn gwarchod dinas Athen.

Colofnau marmor

Plât crwn 4x4 ...

Edrych yn grwn
Dangosa fod y bowlen yn grwn drwy osod platiau ag ongl ar bedair ochr plât crwn glas.

Adeilada!

Bricsen 1x2 â stydiau ochr

Plât ag ongl ddwbl 2x2

9

Y bobl gyntaf

Yn Affrica roedd y bobl gyntaf yn byw. Roedden nhw'n hela, pysgota, a chasglu planhigion gwyllt i gael bwyd. Dros amser dysgon nhw sut i godi llochesau, creu tân, a gwneud offer. Nhw hefyd ddatblygodd iaith gyntaf y byd. Felly roedden nhw'n gallu dweud wrth ei gilydd am eu bywydau!

Pennau bwyelli wedi'u clymu wrth ddolenni pren â chroen anifeiliaid

Picelli miniog i hela anifeiliaid

Eiliadau allweddol

120,000 ccc Gadawodd rhai pobl Affrica a dod o hyd i fannau newydd i fyw. Gwnaeth y rhai a symudodd i fannau oerach ddillad o groen anifeiliaid.

40,000 ccc Dechreuodd pobl beintio. Â brigau a phlu roedden nhw'n peintio darluniau o'r anifeiliaid roedden nhw'n eu hela.

IYM! MAMOTH AR Y BARBECIW I GINIO!

Rhwbio brigau at ei gilydd i wneud gwreichion

▲ Gwneud offer

Roedd pobl yn troi creigiau fflint yn offer – torri darnau oddi ar gerrig crwn i roi ochrau miniog. Wedyn roedd yr offer hyn yn addas i adeiladu ac i hela.

Golau tân ▶

Dysgodd pobl sut i wneud a defnyddio tân tua 1 filiwn o flynyddoedd yn ôl. Nawr roedd gwres i'w cadw'n gynnes ac i goginio bwyd, a golau i'w helpu i hela ac i ddod o hyd i loches yn y nos.

Creigiau o gwmpas tân

Twll mewn un!

Mae ysgithredd y mamoth yn mynd i mewn i ddarnau â thyllau. Defnyddia lawer o ysgithredd i wneud lloches grom.

Mae'r asgwrn yn mynd wrth blatiau â chlipiau

Adeilada!

Teilsen grwn â thwll

Mae ysgithredd y mamoth yn gwneud to crwm

▶ Cael lloches

Wrth hela, roedd pobl yn gwneud lloches o greigiau, esgyrn, pren, a chroen anifeiliaid i fod yn gynnes ac yn sych. Roedd hi'n gyflym ac yn hawdd tynnu'r llochesau i lawr, a'u codi yn y gwersyll nesaf.

WPS, DO'N I DDIM EISIAU TARFU … PWS, PWS …

▶ Cath ysgithrog

Smilodon yw'r enw arall ar y bwystfil hwn. Byddai cathod ysgithrog yn ymosod ar anifeiliaid llawer mwy drwy neidio o goed a glanio arnyn nhw.

Ysgithredd crwm, 30cm o hyd

Pawennau enfawr a chrafangau miniog

Roedd pobl yn casglu ffrwythau gwyllt, aeron, a pherlysiau

Adeilada!

Clipio wrth ei gilydd

Platiau â chlipiau sy'n gwneud ochrau'r fasged. Rho haenau o blatiau a griliau dros y platiau â chlipiau i greu gwead fel basged.

Gosoda blatiau â chlipiau yn fertigol

Griliau 1x2 yn sownd wrth blât 1x4

Platiau 2x2 gyda barrau

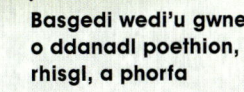

Basgedi wedi'u gwneud o ddanadl poethion, rhisgl, a phorfa

◀ Dod o hyd i fwyd

Roedd pobl yn gwneud basgedi drwy wehyddu planhigion neu frigau. Gyda basgedi, roedd casglu bwyd yn haws ac yn gynt. Roedd y gwead mor dynn, roedd y basgedi'n dda i storio dŵr.

11

Yr Hen Aifft

Am filoedd o flynyddoedd, roedd hen wareiddiad yn byw ar lannau ffrwythlon Afon Nil fawr. Gadawodd yr hen Eifftwyr gofebion hollol anhygoel, a gwrthrychau ac ysgrifennu rhyfeddol hefyd.

Pyramidiau Giza ▼

Pyramid Mawr Giza yw'r pyramid mwyaf erioed, ac mae yno o hyd. Codwyd hwn fel beddrod i'r pharo Kufu oedd yn rheoli'r Aifft 5,000 o flynyddoedd yn ôl. O'i amgylch mae grwpiau o byramidiau tebyg, ond ychydig yn llai.

Adeilada!

Copa 1x2

Llethr 1x4

Cynllun pyramid

Mae brics llethr o wahanol faint yn ffurfio siâp y pyramid. Defnyddia frics llethr llai ar y copa.

Y tu mewn i'r pyramid mae twneli, oriel fawr, a siambrau claddu

▼ Hwylio Afon Nil

Ar afon Nil, roedd pobl yn pysgota mewn cychod o'r enw sgiffiau. Cychod ysgafn wedi eu gwehyddu o goesynnau porfa tal o'r enw papurfrwyn oedd yn tyfu ar hyd glannau'r afon, oedden nhw.

MAE NEIDR YN FY NGHWCH!

Pysgod yn sownd mewn rhwyd o ganghennau helyg

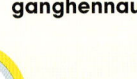

> ROEDD Y SFFINCS YN 2,500 OED PAN GES I FY NGENI!

Mae'r Sffincs yn hirach na chwe bws ac yn dalach na thŷ

Roedd Cleopatra yn ffaro o 51 ccc i 30 ccc

▲ Y Sffincs Mawr

Creadur mytholegol yw sffincs. Mae ganddo gorff llew a phen person. Codwyd Sffincs Mawr Giza o galchfaen 4,500 o flynyddoedd yn ôl, i warchod beddrod y ffaro Kharfre.

Eiliadau allweddol

tua 1500 ccc Dechreuodd gwaith ar Ddyffryn y Brenhinoedd, **rhwydwaith o feddrodau tanddaearol**. Mae dros 60 o feddrodau brenhinol wedi dod i'r golwg yma, a'r rhan fwyaf yn llawn o drysorau o hyd.

1473 ccc Hatshepsut oedd un o'r ffaroaid benywaidd prin. Teyrnasodd am 21 blynedd a gwnaeth yr Aifft yn gyfoethog drwy fasnachu â gwledydd gerllaw, yn lle ymladd â nhw.

Mae'r duw jacal Duamutef yn gwarchod y stumog

Mae'r duw babŵn Hapi yn gwarchod yr ysgyfaint

◄ Jariau canopig

Wrth droi corff person yn fymi, roedd rhai o'r organau'n cael eu tynnu allan a'u storio ar wahân mewn jariau canopig. Roedd clawr pob jar yn dangos pa dduw oedd yn ei warchod.

Rhwymynnau o liain

◄ Mymi cath

Pan oedd person neu anifail pwysig yn marw, roedd y corff yn cael ei droi yn fymi. Roedd y corff yn cael ei sychu â halen, ei drin â chemegau, a'i lapio'n ofalus mewn rhwymynnau.

Roedd yr Eifftwyr yn addoli cathod, ac yn eu cadw fel anifeiliaid anwes

Adeilada!

Mae brics 1x1 â bwa yn gwneud ochrau a chefn y benwisg yma

Bricsen 1x2 â stydiau ochr

Wyneb yn wyneb

Mae'n bosibl cysylltu i'r ochr â brics â stydiau ochr. Adeilada frics â stydiau ochr i mewn i benwisgoedd dy jariau i greu wynebau.

Mae'r llygaid a'r geg yn cysylltu â phlât crwn 2x2

Roedd pawb yn gweld popeth o'r rhesi o seddau

Hen Wlad Groeg

Pan oedd ar ei chryfaf, Hen Wlad Groeg oedd y wladwriaeth fwyaf pwerus erioed yn Ewrop – a'r fwyaf clyfar, hefyd. Mae'r Hen Roegwyr yn enwog am athroniaeth, gwyddoniaeth, llyfrau hanes, y theatr, a'r Gemau Olympaidd!

CADWCH DRAW – DWI'N DOD DRWODD!

Eiliadau allweddol

461 ccc Daeth Pericles yn **arweinydd dinas Athen**. Arweiniodd y llynges, cyflwyno deddfau newydd a threfnu i adeiladau a themlau crand gael eu codi.

387 ccc Sefydlwyd yr Academi, un o'r **prifysgolion cyntaf**. Roedd y myfyrwyr yn astudio athroniaeth a seryddiaeth ac yn ymarfer yn y gampfa.

Clai lliwgar ac addurn paent du

Roedd gan ffiolau ddwy ddolen

▲ Gwneud crochenwaith

Roedd y Groegwyr yn gwneud crochenwaith o glai. Roedd y llestri'n storio gwin, olew olewydd, a mêl. Yn aml roedd lluniau o storïau cyffrous wedi'u peintio ar ffiolau a llestri eraill.

▲ Rasio cerbydau

Roedd rasio cerbydau'n boblogaidd iawn. Roedd tyrfaoedd mawr yn gwylio hyd at 40 cerbyd yn rasio o gwmpas trac o'r enw hippodrome. Roedd llawer yn crasio ac yn bwrw yn erbyn ei gilydd!

Adeilada!

Bricsen côn 3x3 ben i waered

Codi'n uwch

Defnyddia ddarnau côn i fod fel siâp y potyn, yn llydan ar y top ac yn gul ar y gwaelod.

Roedd seddi carreg i 45,000 o bobl yn stadiwm Olympia.

Adeilada!

Plât echel 2x2

Olwyn cert

Gyriant dwy olwyn

Mae dwy olwyn y cerbyd yn cysylltu â phlât echel 2x2. Mae honno'n mynd o dan gorff y cerbyd i gael taith esmwyth a gwastad.

▲ Gwylio chwaraeon

Roedd y Groegwyr yn dod at ei gilydd i wylio chwaraeon mewn stadia enfawr. Codwyd y stadiwm gyntaf yn Olympia ar gyfer yr hen Gemau Olympaidd. Roedd y cystadlu'n digwydd ar drac clai.

DWI O DY FLAEN DI!

Roedd tarian yn amddiffyn y gyrrwr

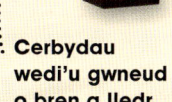

Cerbydau wedi'u gwneud o bren a lledr

Roedd gan gerbydau rasio ddau neu bedwar ceffyl

Olwynion pren gyda stribedi o fetel fel teiars

Mythau a chwedlau

Cuddiodd 30 milwr ym mol y ceffyl

Ceffyl pren Caerdroea

Yn ôl y chwedl, llwyddodd yr Hen Roegwyr i chwarae tric ar bobl Caerdroea, eu hen elynion. Rhoddodd Odysseus, y rhyfelwr clyfar o wlad Groeg, geffyl pren enfawr yn anrheg iddyn nhw. Ond roedd yn llawn o filwyr. Sleifion nhw allan yn y nos, agor gatiau'r ddinas, a daeth gweddill byddin Groeg i mewn!

Olwynion pren enfawr

> AR ÔL DIWRNOD HIR YN CYNAEAFU REIS, DWI EISIAU LLOND POWLEN O REIS!

Hen Tsieina

Am ganrifoedd, roedd teyrnasoedd oedd yn ymladd â'i gilydd drwy'r amser yn y rhan o Asia a fyddai'n dod yn Tsieina. Yna, yn 221 CCC, daeth y cadfridog Ying Zheng i reoli'r ardal i gyd. Galwodd y rheolwr newydd ei hun yn Qin Shih Huang Di, sef 'Yr Ymerawdwr Cyntaf'.

▼ Yn y caeau

Reis oedd y bwyd mwyaf poblogaidd yn ne Tsieina. Roedd yn cael ei dyfu mewn tir o dan ddŵr. Lle roedd bryniau, roedd y caeau hyn yn cael eu gosod yn haenau – terasau reis. Mae reis yn dal i gael ei dyfu fel hyn heddiw.

Reis wedi'i blannu'n rhesi twt, felly mae'n haws ei gynaeafu

Roedd hi'n amhosibl cynaeafu reis heb wlychu dy draed!

Adeilada!

Plât 1x2

Plât 1x1 â chylch

Olwyn cert

Bar

Rholio!

Mae bar yn llithro drwy'r olwyn a dau blât 1x1 â chylchoedd. Rho hwn yn sownd drwy gysylltu'r platiau â chylchoedd wrth blatiau 1x2 ar ochr isaf y ferfa/whilber.

◄ Berfa/Whilber

Ffermwyr yn Hen Tsieina a ddyfeisiodd y ferfa/whilber i gludo nwyddau. Ar y pryd, 'ychen pren' oedd yr enw arnyn nhw.

Gyda dolenni hir, mae'n haws tynnu'r ferfa/whilber.

Mae un olwyn fawr yn y canol yn cario'r pwysau

Roedd gwylwyr mewn tyrau
gwylio yn gwarchod y wal

Roedd y wal yn
ddigon llydan i filwyr
fartsio ar hyd-ddi

▶ Y Wal Fawr

Adeiladodd yr ymerawdwr
newydd wal enfawr ar hyd ffin
ogleddol Tsieina i gadw goresgynwyr draw.
Ychwanegodd ymerawdwyr diweddarach
at y wal, ac erbyn y 1500au, roedd hi'n
8,850 km (5,550 milltir) o hyd!

Mae ymbarél yn
rhoi cysgod rhag
y glaw a'r haul

▲ Trafnidiaeth swyddogol

Roedd pobl gyfoethog a swyddogion y
llywodraeth yn teithio mewn cerbydau wedi'u
tynnu gan un neu ddau geffyl. Roedd olwynion
mawr gan y cerbydau i roi taith esmwyth.

Eiliad allweddol

132 cc Dyluniodd y
dyfeisiwr Zhang Heng un
o'r seismograffau cyntaf
erioed – canfodydd
daeargrynfeydd i roi
rhybudd cynnar eu
bod ar y ffordd. Gallai
ganfod cryndod hyd
at 640 km (400 milltir)
i ffwrdd.

Mythau a chwedlau

Creaduriaid arbennig

Doedd yr Hen Tsieineaid ddim
yn ofni dreigiau – symbolau o
bŵer, doethineb, a lwc dda
oedden nhw. Roedd pobl yn
credu mai dreigiau oedd
hynafiaid yr ymerawdwyr,
ac mai cefnau dreigiau
enfawr, yn cysgu o dan
ddaear, oedd cadwyni
o fynyddoedd.

Draig gyda dannedd
llew a chrafangau eryr

17

Hen Rufain

Eiliadau allweddol

27 CCC Daeth Augustus, cadfridog yn y fyddin, yn **Ymerawdwr cyntaf Rhufain**.

80 CC Cafodd y Colisëwm yn Rhufain ei orffen. Dyma **arena chwaraeon fwyaf** yr hen fyd. Cymerodd y gemau cyntaf yno 100 o ddiwrnodau!

Tyfodd Rhufain o ychydig o aneddiadau ar lannau afon Tiber i fod yn ddinas enfawr ... ac yna daliodd i dyfu! Martsiodd byddin gref y Rhufeiniaid ar draws Ewrop a thu hwnt. Erbyn 117 CC, roedd ymerodraeth Rhufain yn ymestyn dros bum miliwn cilometr sgwâr (dwy filiwn milltir sgwâr).

Roedd milwyr yn aml yn martsio 30 km (18 milltir) y dydd

Colofnau marmor gydag addurniadau hardd

Ystafelloedd gwahanol i faddonau poeth, cynnes, neu oer

BYDDWN NI YN SEGONTIUM ERBYN AMSER CINIO!

▲ Baddonau cyhoeddus

Roedd gan bob tref Rufeinig faddondy mawr, lle roedd pobl yn mynd i ymolchi a hefyd i gwrdd, ymlacio ac ymarfer. Aer poeth o ffwrneisi enfawr o dan y llawr oedd yn twymo'r baddonau.

Roedd dŵr glaw yn rhedeg i ffosydd ar ochr y ffordd

◄ Y Ffordd fawr

Adeiladodd y Rhufeiniaid ffyrdd hir, syth a gwastad i helpu'r fyddin i fynd o gwmpas yr ymerodraeth. Roedden nhw'n gosod creigiau wedi'u malu, cerrig ar eu pennau, ac yna'n goleddu fel bod y dŵr yn llifo oddi ar yr wyneb.

▶ Traphont ddŵr wych

Roedd peirianwyr arbennig Rhufain yn codi pontydd enfawr, bwaog o'r enw traphontydd dŵr (aqueduct) i ddod â dŵr croyw o lynnoedd ac afonydd pell i ffwrdd.

Mae traffyrdd dŵr yn croesi dyffrynnoedd i gludo dŵr i dir uwch

Mae'r dŵr yn rhedeg mewn sianel garreg ar hyd top y bont

Roedd pobl yn gorwedd ar soffas mawr i fwyta

Bricsen 1x1 â styden ochr

O'r llawr i'r nenfwd
Defnyddia frics 1x1 â stydiau ochr i osod brics gweadog 1x2 y wal yn sownd wrth y llawr.

Adeilada!

▲ Gwledd grand

Roedd Rhufeiniaid cyfoethog yn dwlu ar wledda! Gallai gwledd grand ddechrau yn y prynhawn a mynd ymlaen tan hanner nos! Sodlau camelod, ymennydd peunod, pathewod ac eosiaid oedd rhai o'r danteithion.

Roedd llestri'n cael eu gosod ar fyrddau isel

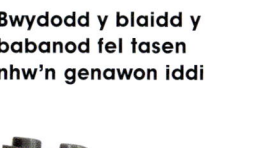

Mythau a chwedlau

Romulus a Remus
Yn ôl y chwedl, Romulus a Remus, y ddau efaill, sefydlodd dinas Rhufain. Yn fabanod, cawson nhw eu gadael ar lan afon. Gwelodd blaidd nhw, mynd â nhw i ogof a'u bwydo tan i fugail caredig roi cartref iddyn nhw.

Bwydodd y blaidd y babanod fel tasen nhw'n genawon iddi

Yr Oesoedd Canol

Roedd yr Oesoedd Canol yn llawn helbul, gyda rheolwyr pwerus yn cystadlu i ehangu ymerodraethau a dod yn fwy cyfoethog. Hefyd, roedd y cyfnod hwn yn llawn dysg. Cafodd llawer o ddyfeisiadau a darganfyddiadau eu gwneud, a chelf hardd sydd i'w gweld o hyd heddiw.

Roedd camelod yn cario aur ar draws Diffeithdir Sahara

600–700
Aur yn Ghana
Yng Ngorllewin Affrica, daeth Teyrnas Ghana yn gyfoethog drwy adeiladu mwyngloddiau haearn ac aur enfawr a masnachu'r metelau gwerthfawr â gwledydd yn Affrica ac Ewrop.

1021
Stori gynnar
Mae'n debyg mai Murasaki Shikibu, boneddiges o Japan, ysgrifennodd y nofel gyntaf.

1025
Rhyfeddod meddygol
Cyhoeddodd Avicenna, meddyg o Bersia, werslyfr meddygol y buodd meddygon yn ei ddefnyddio am gannoedd o flynyddoedd.

1066
Y Normaniaid yn concro Prydain
Glaniodd Dug Gwilym o Normandi a'i fyddin o Ffrainc ym Mhrydain a threchu'r Brenin Harold i hawlio gorsedd Lloegr.

Cododd y Normaniaid gestyll cerrig mewn sawl rhan o Gymru

Mae'r nodwydd fagnetig yn pwyntio tua'r gogledd bob amser

tua 1100
Y cwmpawd magnetig
Dyfeisiodd gwyddonwyr o Tsieina gwmpawd oedd yn defnyddio magnetedd y Ddaear i helpu teithwyr i ddod o hyd i'r ffordd.

1206–1294
Mongoliaid yn rheoli
Gyda Genghis Khan yn arwain, adeiladodd Mongoliaid Dwyrain Asia ymerodraeth fwyaf y byd.

1347–1352
Y Pla Du
Y Pla Du oedd un o'r clefydau mwyaf marwol erioed. Mewn chwe blynedd roedd wedi lladd mwy na hanner y bobl yn Ewrop.

Chwain ar lygod mawr oedd yn cario'r clefyd

1368
Wal Fawr Tsieina
Ychwanegodd yr ymerawdwr ddarn arall at hen wal amddiffynnol Tsieina fel mai dyma'r strwythur hiraf i'w godi yn y byd. Roedd tua 8,850 km (5,550 milltir) o hyd!

1420
Gweld sêr
Yn Samarkand, Uzbekistan, cododd y brenin Ulugh Beg o Fongolia arsyllfa fwyaf y byd. Gwnaeth lawer o astudiaethau newydd o'r sêr a'r planedau.

tua 1420
Diwylliant Ewropeaidd
Dechreuodd artistiaid ac ysgolheigion yn yr Eidal gopïo syniadau o Hen Wlad Groeg a'r Hen Rufain. Aeth y mudiad hwn drwy Ewrop. Y Dadeni oedd ei enw.

Roedd darluniau, cerfluniau, ac adeiladau'n rhan o'r Dadeni

Cam i fyny!

Gwna risiau teml drwy osod platiau â barrau wrth blatiau â chlipiau. Cysyllta'r grisiau â brics â stydiau.

Plât 1x1 â chlip

Bricsen 1x1 â stydiau

Plât 1x2 â bar

Rhyfelwraig Lychlynnaidd tua 900

Cododd y Maiaid demlau carreg enfawr – mae rhai yno o hyd!

600–900
Dinasoedd Maiaidd

Maiaid Canolbarth America oedd y bobl gyntaf o America i greu ffordd o ysgrifennu â symbolau. Hefyd roedden nhw'n seryddwyr arbennig o dda.

793
Goresgyniad y Llychlynwyr

Glaniodd llongau hir cyntaf morwyr Llychlynnaidd o Sgandinafia ym Mhrydain. Buon nhw'n rheoli rhannau o Brydain am y 300 o flynyddoedd nesaf.

Tarian gron bren

Codwyd pennau carreg enfawr o'r enw moai

800–1200
Ynys y Pasg

Aeth fforwyr o Ynysoedd Polynesia yn y Cefnfor Tawel i fyw ar Ynys y Pasg, oddi ar arfordir De America.

1000
Y tân gwyllt cyntaf

Y Tsieineaid wnaeth y tân gwyllt cyntaf. Roedden nhw'n llenwi coesynnau bambŵ â phowdr gwn a'u taflu ar goelcerthi.

Roedd gan rocedi ffiwsiau o hancesi papur

1271
Marco Polo

Aeth y fforiwr Marco Polo o'r Eidal ar daith i Tsieina. Wedyn dangosodd ddyfeisiadau o Tsieina yn Ewrop am y tro cyntaf.

1289
Y sbectol gyntaf

Yn yr Eidal, ysgrifennodd mynach am y sbectol llygaid cyntaf. Dau chwyddwydr wrth ei gilydd, wedi'u dal dros y trwyn oedden nhw.

Lensys wedi'u gwneud o gwarts trwchus

1325
Ymerodraeth Mali

Roedd hen ddinas Timbuktu yn rhan o Ymerodraeth Mali. Mae'n debyg mai Mansa Musa, rheolwr yr ymerodraeth, yw'r person mwyaf cyfoethog a fuodd erioed.

1325–1521
Ymerodraeth yr Asteciaid

Roedd yr Asteciaid nid yn unig yn rhyfelwyr ffyrnig ond hefyd yn ffermwyr a chreffwyr medrus. Mae Dinas Mecsico wedi'i chodi ar adfeilion hen ddinas Astecaidd Tenochtitl Tenochtitlán.

Yr Asteciaid a ddyfeisiodd siocled poeth

Roedd llawer iawn o aur yn Mali

Ffrâm wych

Adeilada ffrâm A i'r îsl drwy gysylltu dau blât 1x8 â phanel 1x4 a phlât colfach 2x2.

Plât colfach 2x2

Panel 1x4

Adeilada!

Symud ymlaen

Helpa'r ddraig i gnoi! Mae platiau â chlipiau'n mynd ar blât â bar i gael symudiad gên fel colfach.

Plât 1x2 â bar

Plât 1x1 â chlip

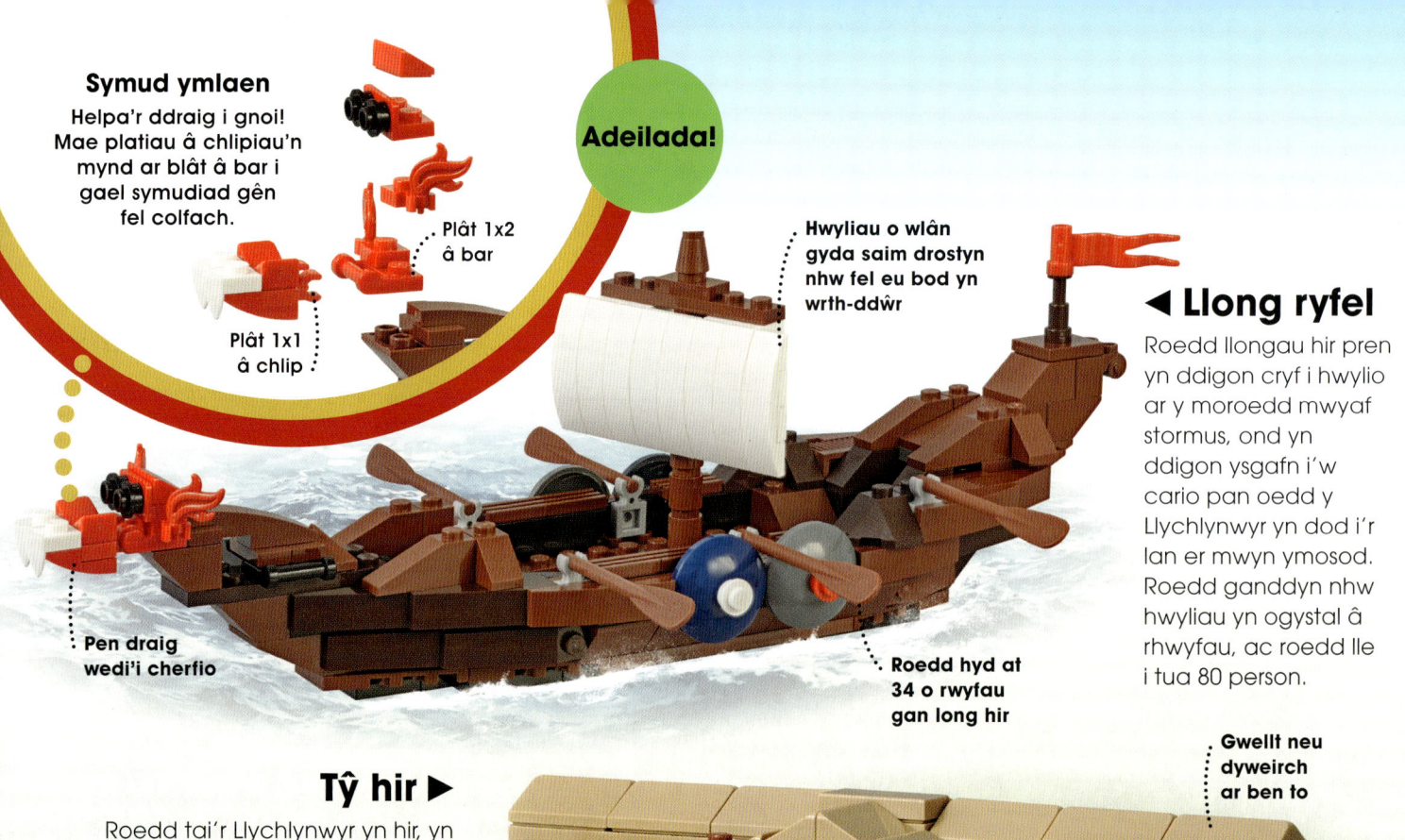

Pen draig wedi'i cherfio

Hwyliau o wlân gyda saim drostyn nhw fel eu bod yn wrth-ddŵr

Roedd hyd at 34 o rwyfau gan long hir

◄ Llong ryfel

Roedd llongau hir pren yn ddigon cryf i hwylio ar y moroedd mwyaf stormus, ond yn ddigon ysgafn i'w cario pan oedd y Llychlynwyr yn dod i'r lan er mwyn ymosod. Roedd ganddyn nhw hwyliau yn ogystal â rhwyfau, ac roedd lle i tua 80 person.

Tŷ hir ►

Roedd tai'r Llychlynwyr yn hir, yn union fel eu llongau. Roedd sawl teulu'n byw mewn un tŷ mawr, cul. Yn y gaeaf, roedd dan ei sang pan oedd y gwartheg yn symud i mewn hefyd!

Gwellt neu dyweirch ar ben to

Ble yn y byd?

Y Llychlynwyr

Roedd y Llychlynwyr, o Norwy, Sweden, a Denmarc, yn llongwyr medrus, yn adeiladwyr llongau gwych ac yn rhyfelwyr ffyrnig! Roedd eu sgiliau'n ddefnyddiol i hwylio'n bell ac i ddarganfod a choncro tiroedd newydd.

Mae stribed haearn yn amddiffyn y trwyn

▲ Helmed Llychlynwyr

Doedd dim cyrn ar yr helmedau – bydden nhw wedi bod yn rhy hawdd eu bwrw i ffwrdd! Roedden nhw wedi'u gwneud o blatiau haearn, gyda leinin o ledr a gwlân.

Byddai'r bonheddwr a'i deulu'n byw ar y llawr uchaf

Ble yn y byd?

Japan yr Oesoedd Canol

▲ Castell mawr

Adeiladodd bonheddwyr cyfoethog gestyll enfawr i amddiffyn eu tiroedd. Castell Himjei oedd enw'r mwyaf, ac mae yno o hyd.

Roedd llwythau cyfoethog yn Japan yr Oesoedd Canol yn ymladd dros dir a grym drwy'r amser. Buodd y Shogun, y cadfridog mwyaf pwerus, yn rheoli gyda help ei fyddin Samurai. Mae'r cyfnod hwn yn hanes Japan yn enwog hefyd am y gelf a'r adeiladau trawiadol.

Eiliad allweddol

1192 Daeth y Cadfridog Minamoto Yoritomo yn **Shogun cyntaf Japan**. Yr ymerawdwr oedd yn rheoli'n swyddogol o hyd, ond am gyfnod, y Shogun oedd yn gwneud y penderfyniadau pwysig.

Kasagi yw'r enw ar y trawst uchaf

Arfwisg wedi'i gwneud o fetel, pren a lledr

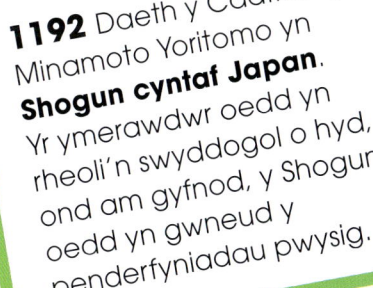

◄ Arfwisg Samurai

Roedd y Samurai yn filwyr ffyddlon, di-ofn. Roedd eu harfwisg anhygoel wedi'u gwneud o gannoedd o ddarnau bach yn sownd wrth ei gilydd. Roedd eu masgiau'n cuddio eu hwynebau ac yn codi ofn ar eu gelynion.

Torii wedi'i wneud o garreg neu bren

▲ Porth Shinto

Shinto yw crefydd hynaf Japan. Mae dilynwyr Shinto yn credu mewn ysbrydion natur o'r enw kami. Mae porth hardd o'r enw Torii yn fynedfa i gysegr Shinto.

Fflapiau Kusazuri i amddiffyn y coesau

Gogledd America Gynnar

Am gyfnod hir o hanes Gogledd America, pobl frodorol oedd yn byw yno. Roedd y tir yn eang ac yn amrywiol, ac roedd gan bob grŵp o bobl ei ffordd arbennig o fyw, mathau gwahanol o gartrefi ac yn bwyta bwyd yn dibynnu ar yr hinsawdd.

Iglw'r Inuit ▼

Roedd llwyth o'r enw'r Inuit yn byw yng ngogledd oer America. Roedden nhw'n hela am forfilod, morloi, a cheirw enfawr o'r enw caribŵ. Wrth hela roedden nhw'n gwneud llochesau o'r enw iglw o'r eira.

Waliau wedi'u gwneud o flociau o eira wedi'i wasgu'n dynn

Mynedfa gul er mwyn cadw'n gynnes

Eiliadau allweddol

tua 25,000 ccc Daeth yr Americanwyr cyntaf erioed o Asia yn wreiddiol. Croeson nhw **stribed cul o dir** (sydd o dan y môr nawr) i mewn i Alaska, yna symudon nhw i lawr drwy'r cyfandir.

tua 950 cc Yn Mississippi, mae pobl yn dechrau codi **pyramid pridd enfawr** – Monks Mound yw ei enw nawr. Mae'n lletach na Phyramid Mawr yr Aifft, ac mae yno o hyd.

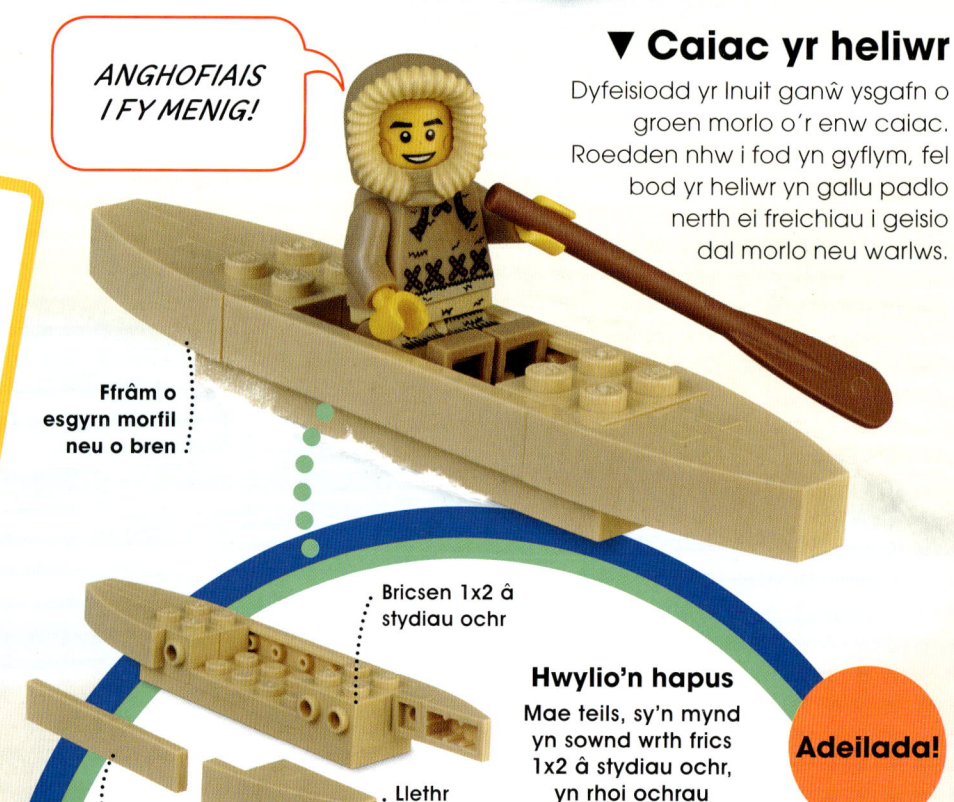

ANGHOFIAIS I FY MENIG!

▼ Caiac yr heliwr

Dyfeisiodd yr Inuit ganŵ ysgafn o groen morlo o'r enw caiac. Roedden nhw i fod yn gyflym, fel bod yr heliwr yn gallu padlo nerth ei freichiau i geisio dal morlo neu warlws.

Ffrâm o esgyrn morfil neu o bren

Bricsen 1x2 â stydiau ochr

Hwylio'n hapus
Mae teils, sy'n mynd yn sownd wrth frics 1x2 â stydiau ochr, yn rhoi ochrau llyfn i'r caiac.

Teilsen 1x6

Llethr crwm 1x3

Adeilada!

Ffrâm wedi'i gwneud o bolion pren wedi'u clymu ar y top ....

◄ Gwersyll cysurus

Roedd rhai grwpiau o bobl frodorol yn byw mewn pebyll o'r enw tipis. Roedden nhw'n oer yn yr haf ac yn gynnes yn y gaeaf, ac yn hawdd eu symud pan oedd pobl yn sefydlu gwersylloedd a phentrefi newydd.

Crwyn anifeiliaid wedi'u gwnïo wrth ei gilydd i wneud y gorchudd

Mae polion totem yn dangos anifeiliaid go iawn a mytholegol, a hynafiaid y teulu

Adeilada!

Pentwr uchel

Mae plât 1x1 yng nghanol top pob pen. Felly mae'n bosibl gosod pen arall arno.

Plât 1x1 ......

Mae pobl yn credu bod aderyn y daran yn curo ei adenydd i greu taranau ...

Polyn totem ►

Roedd pobl yn y gogledd orllewin yn cerfio boncyffion coed yn bolion totem uchel i'w pentrefi. Roedd y cerfiadau hardd yn adrodd storïau, yn dathlu digwyddiadau arbennig, neu'n cofio am hen arweinwyr.

Roedd rhai arweinwyr yn gwisgo penwisgoedd plu – symbolau o barch ac anrhydedd

Roedd india-corn yn cael eu sychu a'u malu'n flawd

AM GNWD GWYCH!

Planhigion bach mewn rhesi twt

▲ Ffermio cnydau

Roedd yr Americanwyr cynnar yn y de orllewin yn ffermwyr rhagorol. Palon nhw gamlesi i ddod â dŵr i bridd sych y diffeithwch er mwyn gallu tyfu ffa, pwmpenni ac india-corn, a'u galw'n 'y tair chwaer'.

Basgedi i gasglu cnydau :

Y Llwybr Sidan

Roedd llawer o lwybrau gwahanol yn rhan o'r Llwybr Sidan, a gyda'i gilydd, roedden nhw'n llwybr 7,000 km (4,350 milltir) o hyd, o Asia i Ewrop. Cafodd y llwybr ei enw oherwydd bod masnachwyr yn ei ddefnyddio i gludo nwyddau moethus, fel sidan, rhwng gwledydd oedd yn bell oddi wrth ei gilydd.

Dwy res o flew amrant i gadw'r tywod draw

Mae gan gamelod Asiaidd ddau grwb

Mae cefnau cryf yn cario llwythi trwm

◄ Cadwyn o gamelod

Camelod cadarn oedd y ffordd orau o gario nwyddau drwy fynyddoedd a diffeithdiroedd Asia. Roedden nhw'n teithio gyda'i gilydd mewn llinellau hir o'r enw carafanau.

Mae traed gwastad, llydan, yn aros ar ben y tywod

Cario baich

Mae pecynnau pob camel yn cael eu rhoi wrth ei gorff. Mae'r panel ochr i gyd yn sownd wrth frics â stydiau ochr ym mol y camel!

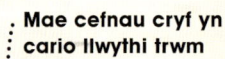
Adeilada!

Brics â stydiau ochr ...

Ffyn o sinamon o Sri Lanka

Sbeisys poblogaidd fel sinsir, nytmeg, a phupur

Canolfan fasnachu ►

Ar hyd y Llwybr Sidan i gyd roedd masnachwyr yn cwrdd i brynu a gwerthu eu nwyddau. Doedd y rhan fwyaf ddim yn teithio'r llwybr i gyd, ond yn gwerthu eu cargo i rywun arall oedd yn ei gludo i'r ganolfan fasnachu nesaf.

Crafanc LEGO®

Onglau, ahoi!

Mae hwyliau'r dhow wedi'u gwneud o blatiau onglog gwyn. Darn crafanc mewn plât 1x1 gyda chlip top sy'n eu dal ar ongl.

Adeilada!

Hwyliau sgwâr ar nifer o fastiau

Hwyliau siâp triongl

▲ Jynciau

Yn lle teithio dros y tir, roedd rhai masnachwyr yn dewis ffordd gyflymach, ond fwy peryglus o gludo eu nwyddau ar draws Môr Tsieina. Roedden nhw'n hwylio ar gychod mawr o'r enw jynciau.

Mae rhaff yn dal trawstiau corff y llong wrth ei gilydd

▲ Cwch dhow

Roedd masnachwyr Arabaidd yn cario cargo mewn cychod cul traddodiadol dros Gefnfor India i'r Gwlff.

Eiliadau allweddol

tua 500–600 Llwyddodd ysbïwyr i **smyglo pryfed sidan** allan o Tsieina. Felly roedd hi'n bosibl gwneud sidan mewn mannau eraill. Aeth sidan yn llawer llai gwerthfawr fel eitem fasnachu.

1279 Pan ddaeth **Kublai Khan, arweinydd y Mongoliaid,** i reoli Tsieina, anfonodd ei fyddin ar hyd y Llwybr Sidan i wneud yn siŵr bod y masnachwyr yn gallu teithio'r llwybr yn ddiogel.

Crochenwaith hardd o Tsieina

Am amser hir, dim ond y Tsieineaid oedd yn gwybod sut i wneud sidan, felly roedd yn ddrud

Gwydr o'r Eidal

Roedd arian ac aur gan fasnachwyr y Gorllewin i dalu am nwyddau'r Dwyrain.

Ymerodraethau Affrica

Dros hanes hir cyfandir enfawr Affrica, mae llawer o deyrnasoedd ac ymerodraethau wedi bod. Daeth rhai'n gyfoethog drwy gario nwyddau fel aur, ifori, eboni a halen ar draws diffeithwch eang Sahara i fasnachu yn Ewrop ac Arabia.

Roedd stelae hyd at 33m o uchder

Mae gwenithfaen wedi'i gerfio'n edrych fel ffenestri a drws

▲ Cofeb frenhinol

Daeth teyrnas Aksum yn gyfoethog drwy fasnachu ifori, a dyma'r wlad fwyaf pwerus yn Nwyrain Affrica am ganrifoedd lawer. Cododd pobl Aksum strwythurau tal, gwych, wedi'u cerfio o'r enw stelae i nodi beddrodau eu rheolwyr.

Adobe yw enw arall ar fwd wedi'i grasu

Mae trawstiau pren yn cryfhau'r strwythur

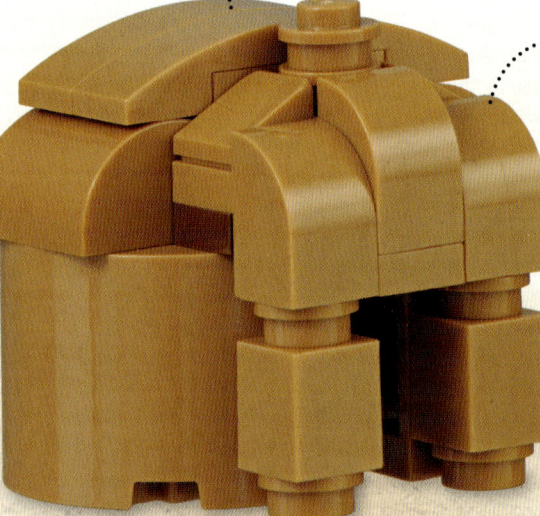

▲ Blociau adeiladu

Roedd llawer o adeiladau o fwd, wedi'i grasu yn yr haul i wneud brics solet. Codwyd yr adeilad brics mwd mwyaf yn y byd yn 1240 yn Djenné, ar lannau afon Niger.

Cerddoriaeth ▶

Cerddorion a diddanwyr yng Ngorllewin Affrica oedd griots. Roedden nhw'n adrodd storïau hefyd, gan wneud i'w drymiau 'siarad' drwy godi a gostwng eu seiniau.

Mae'r sain yn newid wrth wasgu tannau ar yr ochr

Adeilada!

Clymu â llinyn

Pedwar darn carn sabr golau sy'n dal y model hwn at ei gilydd. Dydy'r briciau côn sy'n gwneud corff y drwm ddim yn cysylltu â'i gilydd.

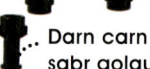
Darn carn sabr golau

Plât crwn 2x2 â bachau

Ffon grom i guro drwm

Palas brenhinol ▶

Codwyd Palas Gyeongbokgung enfawr yn gyntaf yn 1395 i fod yn gartref i'r Brenin Taejo a'i deulu. Yn y 16eg ganrif, llosgwyd y palas i'r llawr a'i adeiladu eto. 300 mlynedd yn ddiweddarach, dinistriwyd y palas gan ymosodwyr a'i adeiladu eto.

7,700 ystafell yn y palas

Mae dwy haen i'r to tonnog

Tŵr wedi'i wneud o 365 carreg, un ar gyfer pob diwrnod o'r flwyddyn

9 m o uchder

◀ Gweld sêr

Cheomseongdae yw enw'r tŵr carreg hwn ac roedd yn cael ei ddefnyddio fel arsyllfa. Codwyd y tŵr yn 640 ac roedd seryddwyr o Korea yn dod i edrych ar awyr y nos. Mae yno o hyd, felly dyma'r arsyllfa hynaf yn y byd.

Eiliad allweddol

668 Daeth cannoedd o flynyddoedd o wrthdaro i ben pan lwyddodd y Brenin Munmu i uno teyrnasoedd Silla, Baekje, a Goguryeo o dan ei reolaeth.

▼ Dangos pŵer

Roedd rheolwyr Silla yn gwisgo coronau aur cain, gyda gemau drud drostyn nhw. Pan oedd brenhinoedd a breninesau'n marw, roedden nhw'n cael eu claddu yn gwisgo eu coronau, mewn beddrodau o dan bentyrrau enfawr o greigiau.

Pigau aur yn edrych fel coed

Ble yn y byd?

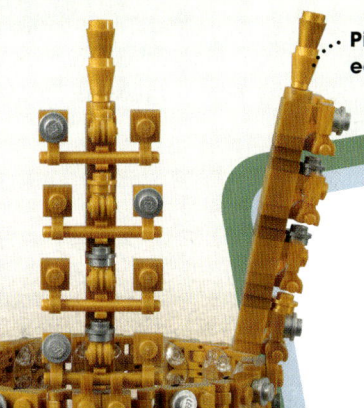

Cadwyni aur yn hongian i lawr o'r goron

Hen Korea

Llwyddodd rheolwr teyrnas fach Silla i drechu'r dinasoedd a'r teyrnasoedd gerllaw. Wedyn daeth â nhw i gyd at ei gilydd i greu gwlad newydd Korea. Cyn hir daeth Korea yn gyfoethog drwy fasnachu aur, arian a ffwr â'i chymydog, Tsieina.

Ble yn y byd?

Ewrop yn yr Oesoedd Canol

Yn ystod yr Oesoedd Canol yn Ewrop, roedd rheolwyr a boneddigion yn byw mewn cestyll gwych, ac yn anfon eu milwyr a'u marchogion i ymladd â'u gwrthwynebwyr. Roedd pobl gyffredin yn byw ar ystadau'r boneddigion fel arfer, yn gweithio'n galed i dyfu bwyd iddyn nhw eu hunain ac i'w meistri.

Gwerinwyr yn ffermio ▼

Roedd meistri yn cael pobl o'r enw gwerinwyr i weithio ar eu ffermydd. I dalu am y gwaith, roedd pob gwerinwr yn cael darn bach o dir i dyfu ei fwyd ei hun ac i gadw anifeiliaid. Yn aml doedd gwerinwyr ddim yn cael symud o'r man lle ganwyd nhw.

To gwellt

Waliau wedi'u gwneud o gymysgedd o bren, gwellt, a chlai, o'r enw plethwaith a chlai

Ffensys i gadw anifeiliaid mewn lloc a draw o'r cnydau

YDY'R FFERM YN MYND I'R GWELLT?

Dwy goes i dynnu neu wthio trol

Gydag olwynion mawr, mae'r daith dros dir anwastad yn esmwyth

▲ Mynd o gwmpas

Roedd gwerinwyr yn defnyddio ceirt dwy olwyn i gario gwellt a gwair yn ôl ac ymlaen o'r caeau, neu i gario offer. Roedd person yn gallu gwthio neu dynnu'r ceirt, neu roedd ceffyl yn gallu tynnu llwythi trwm.

Ffens 1x4x2 gyda gwerthydau

Bricsen 1x2 â cholfach

Adeilada!

Ongl ochr

Rho ochrau onglog i'r cart drwy gysylltu darnau ffensys â brics 1x2 â cholfach.

Waliau carreg trwchus gyda bylchau er mwyn saethu

Roedd gwarchodwyr yn cadw llygad o dyrau tal

◀ Bywyd mewn castell

Roedd boneddigion yn codi cestyll i fyw ynddyn nhw ac i gadw'n ddiogel rhag gelynion. Roedd castell fel pentref bach. Roedd yr arglwydd a'i deulu yn byw yno, a hefyd gweision, milwyr, crefftwyr – ac anifeiliaid fferm!

Pont gul i reoli pwy oedd yn cael mynd i mewn i'r castell

Adeilada!

Tarian ochr

Mae brics 1x1 â stydiau ochr yn ffitio ar gorff y ceffyl er mwyn cadw'r arfwisg ddisglair yn ei lle.

Bricsen 1x1 â styden ochr

Gwaywffon hir, heb fin

Arfwisg drom

> AROS I FI, MAE ANGEN MARCHOG AR GEFFYL!

▲ Ymryson twrnamaint

Cystadleuaeth sgiliau marchogaeth ac ymladd oedd yr ymryson. Roedd tyrfaoedd enfawr yn gwylio wrth i farchogion, ar ran eu meistri cyfoethog, farchogaeth tuag at ei gilydd. Roedd pob marchog yn ceisio bwrw'r llall oddi ar ei geffyl â gwaywffon bren.

Eiliadau allweddol

1282 Yng Nghilmeri, Powys, **lladdwyd Llywelyn ein Llyw Olaf, tywysog olaf Cymru**, gan filwyr Edward I, brenin Lloegr. Anfonwyd Gwenllïan, merch Llywelyn, i fod yn lleian yn Sempringham, yn Swydd Lincoln, Lloegr.

1400 Dechreuodd **Gwrthryfel Owain Glyndŵr** pan ymosododd Owain ar gastell Rhuthun.

Manylion pren wedi'u cerfio

Gorsedd fawr ▶

Roedd rheolwr gwlad neu ranbarth yn eistedd ar orsedd wych – symbol o'i bŵer a'i gyfoeth. Yn aml roedd ystafell yr orsedd yng nghanol y palas neu'r castell ac wedi'i chodi ar lwyfan.

Oes darganfod

Daeth dulliau newydd i gysylltu'r byd: hwyliodd anturwyr o Ewrop ar eu llongau cyflym newydd am diroedd pell yn llawn o ryfeddodau naturiol. Ac nid fforwyr yn unig oedd yn brysur; roedd hi'n gyfnod o newidiadau cyffrous hefyd i wyddonwyr, dyfeiswyr, penseiri ac artistiaid.

Cromen 114.5 m o uchder

1471
Eglwys gadeiriol Fflorens
O'r diwedd roedd cromen enfawr y gadeirlan Eidalaidd yn barod. Roedd ganddi wyth ochr a chodwyd hi â 4 miliwn o frics.

1536
Y Ddeddf Uno
Daeth deddfau Lloegr i gael eu defnyddio yng Nghymru hefyd a doedd dim hawl defnyddio'r Gymraeg yn y llysoedd.

1543
Astudio'r Haul
Sylweddolodd Copernicus, gwyddonydd o Wlad Pwyl, nad y Ddaear yw canolbwynt y bydysawd – ein planed sy'n symud o gwmpas yr Haul!

1577
Gwylio'r sêr
Datblygodd Taqi al-Din offer newydd i weld digwyddiadau seryddol trawiadol, gan gynnwys Comed Fawr 1577. Wedyn agorodd arsyllfa enfawr.

Roedd siocled yn beth moethus

1585
Melysion
Daeth fforwyr o Sbaen â ffa coco yn ôl o Ganolbarth America. Blasodd pobl Ewrop siocled am y tro cyntaf!

1607
Mynd i America
Cododd Saeson gartrefi parhaol am y tro cyntaf lle mae UDA nawr. Jamestown oedd enw'r lle, ar ôl Iago I, brenin Lloegr ar y pryd.

Roedd cartrefi'n cael eu codi mewn caer drionglog

1666
Tân Mawr Llundain
Ym mhrifddinas Lloegr, dechreuodd tân ofnadwy mewn popty yn Pudding Lane. Dinistriodd 75% o'r ddinas, a chollodd 80,000 o bobl Llundain eu cartrefi.

Roedd gan bob capten ei faner ei hun

1690
Y Faner Ddu
Môr-ladron o Ffrainc a gododd faner y benglog a'r esgyrn croes yn gyntaf. Cyn hir, dechreuodd rhagor o fôr-ladron ei defnyddio i rybuddio eu bod nhw ar fin ymosod!

1723
Carnifal yn Brazil
Roedd carnifal cyntaf Rio de Janeiro yn swnllyd dros ben. Heddiw, mae hanner miliwn o bobl yn dod i fwynhau parti dawnsio mwyaf y byd.

BYDD Y CYFNOD HWN YN YSBRYDOLI DRAMÂU GWYCH!

Ganwyd William Shakespeare, y dramodydd o Loegr yn 1564

Adeilada!

Llong â llethrau

Llethrau gwrthdro sy'n gwneud corff bwaog y llong, ac mae'r hwyliau o lethrau 1x1 gwyn a phlatiau 1x2 â llethrau.

Llethr 1x1

Plât 1x2 â llethr

Llethr gwrthdro 1x2

1488

O gwmpas Affrica

Bartolomeu Dias o Bortiwgal oedd y dyn cyntaf o Ewrop i hwylio o gwmpas rhan fwyaf deheuol Affrica. Penrhyn Gobaith Da yw ei enw heddiw.

1492

Helô America!

Cyrhaeddodd Christopher Columbus, fforiwr o'r Eidal, Ogledd America, ar ran brenin a brenhines Sbaen.

Sgriw'r awyr oedd enw Leonardo ar ei gynllun

1493

Dyfeisiadau Leonardo

Dyluniodd yr arlunydd enwog, Leonardo da Vinci, yr hofrenydd cyntaf, er na lwyddodd i'w adeiladu byth!

1512–1520

Yr Ymerodraeth Otomanaidd

Pan oedd Selim y Milain yn rheolwr ffyrnig, concrodd Otomaniaid Twrci lawer o wledydd, gan gynnwys Syria a'r Aifft.

Victoria oedd enw llong Magellan

1519–1522

O gwmpas y byd

Arweiniodd Ferdinand Magellan o Bortiwgal yr alldaith gyntaf i fynd o gwmpas y byd – er mwyn dod o hyd i sbeisys i'w gwerthu gartref!

Lle i 20,000 o bobl

1609–1616

Y Mosg Glas

Cafodd y mosg anferth hwn ei lysenw o'r 20,000 o deils glas oedd yn disgleirio yn heulwen Caer Gystennin.

1610

I mewn i'r bae

Aeth Henry Hudson – fforiwr o Loegr oedd yn chwilio am lwybr i Tsieina o Ewrop – i mewn i Fae Hudson, sy'n rhan o Ganada nawr.

1610–1611

Drama olaf Shakespeare

Ysgrifennodd dramodydd mwyaf enwog Lloegr ei ddrama olaf, The Tempest – sy'n adrodd stori hudolus am forwyr wedi'u llongddryllio.

1635

Gorsedd y Paun

Gosododd Shah Jahan, (sef 'Brenin y Byd') yr ymerawdwr Mughal, Orsedd y Paun gyda gemau hardd drosti, yn ei balas, y Gaer Goch.

1635

Gwlad ar gau

Mae Japan yn dechrau cyfnod o dros 200 mlynedd pan nad oedd hawl i bobl o dramor ymweld. Roedd yn gyfnod o ddinasoedd hardd, celf, theatr a reslo Sumo.

Adeilada!

Syml, ond urddasol

Ychwanega fanylion: darnau aur, paneli coch tryloyw, a dau blât glas â choesau fel pâr o adar ar y top!

Plât 1x1 â choes

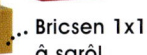

Bricsen 1x1 â sgrôl

Darn telesgop

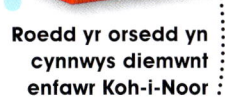

Roedd yr orsedd yn cynnwys diemwnt enfawr Koh-i-Noor

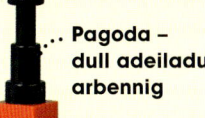

Pagoda – dull adeiladu arbennig

CROESO I FYD YR ASTECIAID!

Gwareiddiad yr Asteciaid

Roedd yr Asteciaid yn llwyth rhyfelgar ffyrnig oedd yn rheoli rhannau mawr o Fecsico am dros 200 o flynyddoedd. Y brifddinas oedd Tenochtitlthe Tenochtitlán, oedd ar ynys.

Pyramid oedd yr adeilad talaf yn y ddinas

Allorau i'r ddau dduw ar y brig/copa

Teml Astecaidd ▶

Codwyd y Deml Fawr sydd fel pyramid er anrhydedd i ddau dduw Astecaidd – Huitzilopochtli, duw'r Haul a rhyfel, a Tlaloc, duw'r glaw a ffermio.

Eiliad allweddol

1325 Sefydlodd yr Asteciaid Tenochtitlán, eu **dinas sanctaidd**. Yn ôl chwedl, codwyd hi yn y man lle gwelodd yr ymerawdwr eryr â neidr yn gwingo yn ei big.

◀ Penwisg

Roedd rhyfelwyr gorau'r Asteciaid yn gwisgo penwisg yn llawn gemau, aur, cregyn a phlu i ddangos eu bod yn bwysig.

250 o blu adar ym mhenwisg yr ymerawdwr

Waliau 16 m o uchder

Cerrig wedi'u torri'n gain i ffitio wrth ei gilydd heb fylchau

▲ Waliau'r gaer

Mae waliau carreg y gaer sy'n amddiffyn dinas Cusco yr Inca yno o hyd – yn dangos pa mor wych oedd gwaith adeiladu'r Inca! Yn y waliau mae brics o bob siâp a maint, wedi'u gosod wrth ei gilydd yn berffaith, heb ddefnyddio mortar.

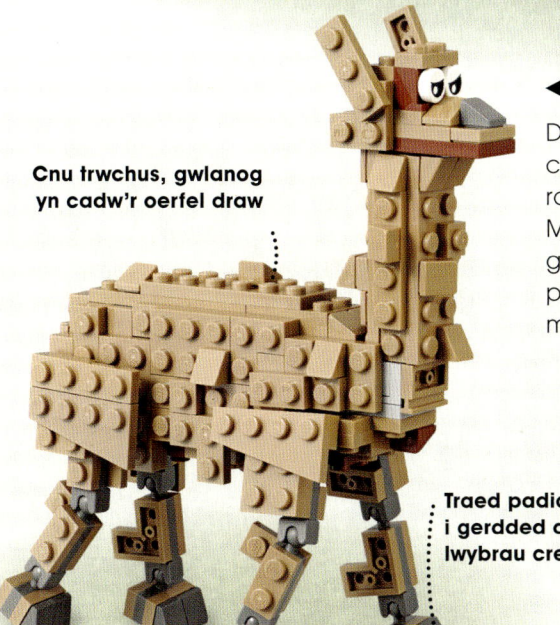

Cnu trwchus, gwlanog yn cadw'r oerfel draw

◄ Lamas i helpu

Doedd gan yr Inca ddim cerbydau ag olwynion – roedd ganddyn nhw lamas! Mae lamas yn gryf ac yn gadarn – perffaith i gario pethau i fyny ac i lawr mynyddoedd creigiog.

Traed padiog i gerdded ar lwybrau creigiog

Ble yn y byd?

Ymerodraeth yr Inca

Eiliad allweddol

1450 Cododd yr Ymerawdwr Pachacuti ddinas garreg Machu Picchu, sydd ar gopa mynydd 2,500 m o uchder. Cafodd y ddinas ei **gadael am 400 o flynyddoedd**, ond nawr mae'n un o'r lleoedd mwyaf poblogaidd yn y byd i dwristiaid.

Roedd pobl yr Inca yn byw ym mynyddoedd gorllewin De America. Roedden nhw'n ffermwyr gwych, ac yn beirianwyr ardderchog. Adeiladon nhw ddinasoedd rhyfeddol a miloedd o filltiroedd o ffyrdd.

35

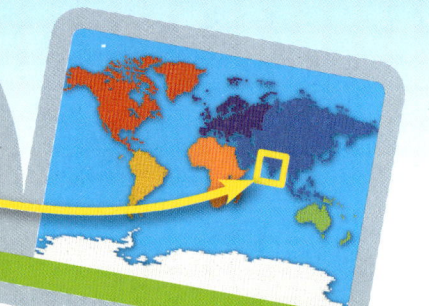

Ymerodraeth y Mughaliaid

Cypreswydd ar
ddwy ochr y llyn

Rheolodd y Mughaliaid yn India am dros 300 mlynedd, ar ôl i Babur, yr ymerawdwr Mughal cyntaf, goncro llawer o diroedd. Cododd y Mughaliaid rai o adeiladau harddaf y byd. Roedden nhw'n fedrus hefyd gyda seryddiaeth, gwyddoniaeth a gwaith metel.

Eiliadau allweddol

1556 Daeth Akbar, un o ymerawdwyr mwyaf pwerus a llwyddiannus y Mughaliaid, i'r orsedd **pan oedd ond yn 13!**

1601 Cododd Akbar borth **Buland Darwaza** i ddathlu pan enillodd un o nifer o frwydrau. Mae'n 54 m o uchder, y porth talaf yn y byd.

Roedd arfwisg drom yn amddiffyn y corff, y pen a'r trwnc

Roedd cadlywyddion y fyddin yn gallu gweld y frwydr yn dda

▲ Byddin yr eliffantod
Roedd gan fyddinoedd y Mughaliaid fantais fawr dros eu gelynion – eliffantod! Pan oedd y cewri hyn mewn arfwisg yn rhuthro at y gelyn, byddai'r milwyr ofnus yn rhedeg am eu bywydau!

Adeilada!

Plât ongl 1x2/2x2

Arfwisg blât
Defnyddia blât ongl i gysylltu arfwisg yr eliffant â'i ben a'i wyneb.

▼ Taj Mahal

Cododd yr Ymerawdwr Shah Jahan yr adeilad rhyfeddol hwn er cof am ei wraig. Roedd angen 20,000 o weithwyr a 1,000 o eliffantod i gario'r marmor a'r garreg. Cymerodd y prosiect dros 21 o flynyddoedd.

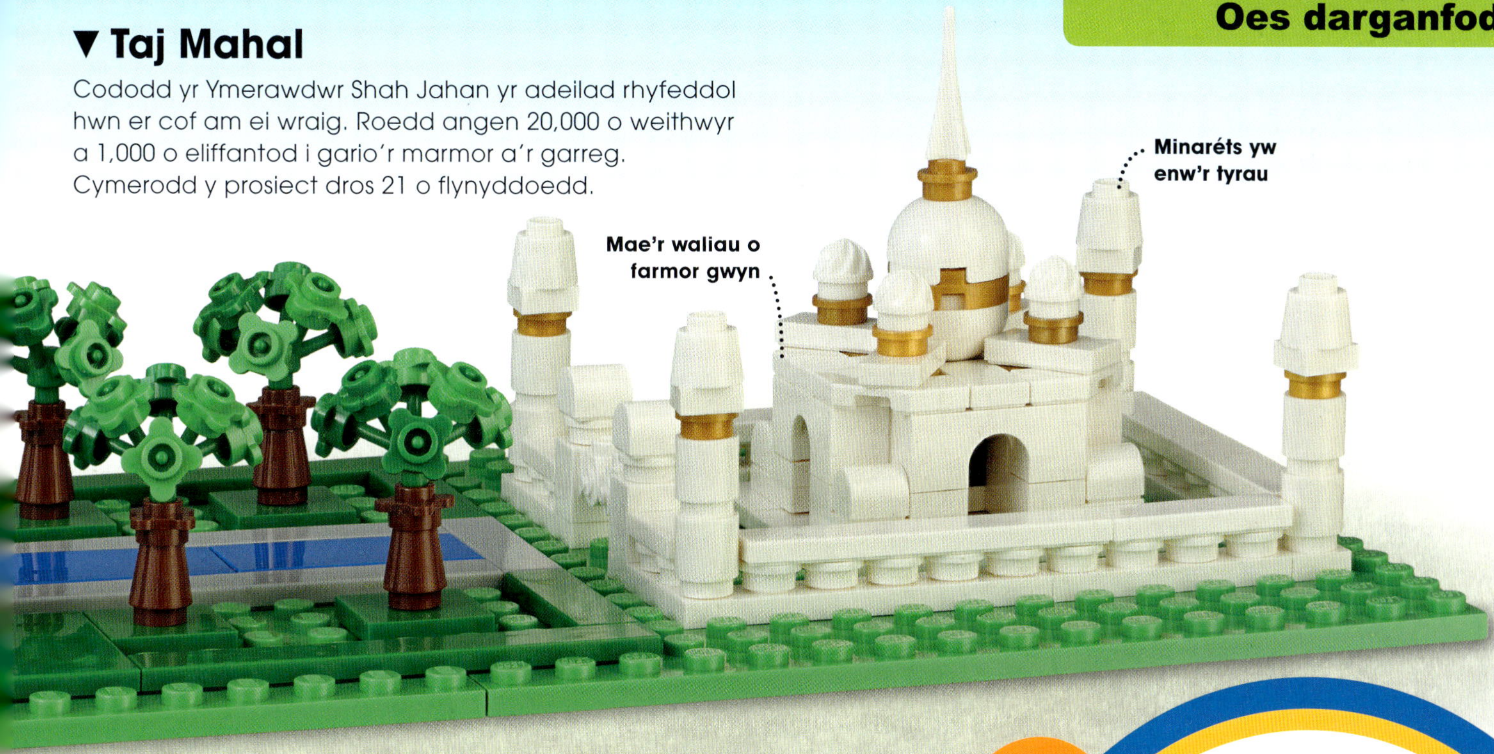

Minaréts yw enw'r tyrau

Mae'r waliau o farmor gwyn

Adeilada!

Plât 1x1 â bar

Plât 1x2 â chlip

Bricsen grwn 1x1

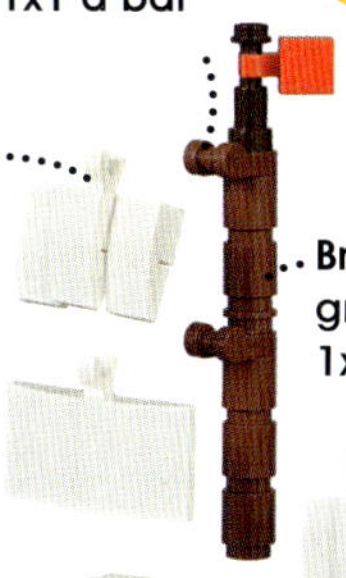

Codi'r mast

Gwna'r mast o bentwr syml o frics crwn 1x1 a phlatiau â barrau 1x1. Mae platiau â chlipiau'n dal yr hwyliau.

Roedd broets o'r enw sarpech yn addurno twrban

◄ Gemau hyfryd

Roedd Mughaliaid cyfoethog yn defnyddio gemau fel diemwnt, emrallt, a saffir i wneud gemwaith hardd, ac i addurno popeth, o lestri a gobledi i gleddyfau ac arfau.

Mewn mannau eraill yn y byd

Fforwyr o Bortiwgal

Morwyr o Bortiwgal oedd y bobl gyntaf o Ewrop i gwrdd â'r Mughaliaid, ar ôl cyrraedd mewn llongau bach, cyflym o'r enw carafelau. Roedd y llongau hyn yn gallu teithio'n bell, yn ddelfrydol i fforwyr a masnachwyr oedd yn chwilio am drysorau newydd i'w prynu a'u gwerthu.

Hwyliau addas i bob math o wynt

Corff pren cadarn rhag stormydd

Ble yn y byd?

Cyfnod dysg

Ar ôl yr Oesoedd Canol, daeth pobl i wybod am syniadau newydd, yn enwedig ym myd gwyddoniaeth. Dechreuodd pobl seilio eu syniadau ar y pethau roedden nhw'n gallu eu gweld a'u profi eu hunain. Felly roedd dyfeiswyr yn brysur hefyd, yn gwneud offer newydd i helpu gwyddonwyr i arsylwi a mesur y byd o'u cwmpas.

Mae drych bwaog yn y tiwb yn dod â'r pelydrau o olau at ei gilydd

Sylladur

Telesgop yn troi ar belen bren

Telesgop ▲

Yn 1668, 60 blynedd ar ôl i'r telesgop cyntaf gael ei ddyfeisio, dyfeisiodd Syr Isaac Newton, gwyddonydd o Loegr, fath newydd o delesgop. Adlewyrchydd oedd ei enw, ac roedd yn defnyddio drych i gasglu goleuni. Roedd pethau'n ymddangos 40 gwaith yn fwy – perffaith i edrych ar blanedau a sêr pell.

Eiliadau allweddol

1570 Cyhoeddodd Abraham Ortelius, lluniwr mapiau o wlad Belg, **atlas** o'r enw Theatr y Byd. Roedd yn dangos gwledydd newydd i bobl Ewrop, a gwerthodd llawer iawn o gopïau!

1609 Dyfeisiodd Galileo Galilei, gwyddonydd o'r Eidal, delesgop newydd. Gyda hwn, gwnaeth **ddarganfyddiadau pwysig** am sut mae ein planed yn symud o gwmpas yr Haul.

Sylladur

◄ Darganfyddiadau bach

Gwnaeth Robert Hooke, gwyddonydd talentog iawn, un o'r microsgopau cyntaf erioed. Roedd yn gallu chwyddo pethau byw i weld o beth roedden nhw wedi'u gwneud. Roedd yn gwneud i bryfed bach a hadau edrych yn enfawr!

Mae'r sgriw'n troi i ffocysu ar y sbesimen

Adeilada!

Pin LEGO Technic

Gogwyddo

Mae pinnau LEGO® Technic yn cysylltu corff y microsgop – bricsen gron â thyllau – â standiau bob ochr, i gael gogwyddo.

Sylwodd Hooke fod pethau byw fel dail wedi'u gwneud o 'gelloedd' bach iawn.

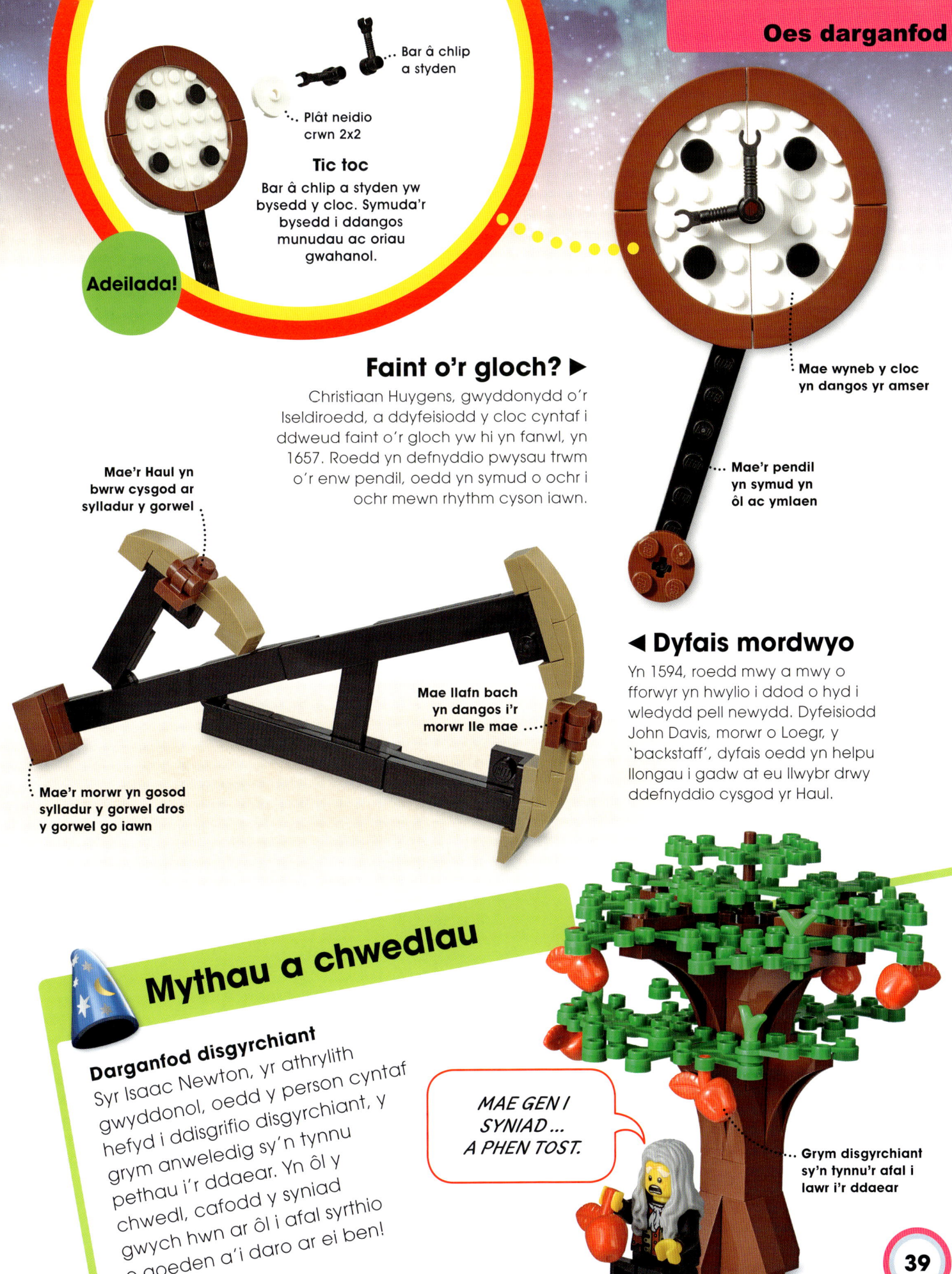

.·· Bar â chlip
a styden

·.. Plât neidio
crwn 2x2

Tic toc

Bar â chlip a styden yw
bysedd y cloc. Symuda'r
bysedd i ddangos
munudau ac oriau
gwahanol.

Adeilada!

:· Mae wyneb y cloc
yn dangos yr amser

Faint o'r gloch? ▶

Christiaan Huygens, gwyddonydd o'r
Iseldiroedd, a ddyfeisiodd y cloc cyntaf i
ddweud faint o'r gloch yw hi yn fanwl, yn
1657. Roedd yn defnyddio pwysau trwm
o'r enw pendil, oedd yn symud o ochr i
ochr mewn rhythm cyson iawn.

···· Mae'r pendil
yn symud yn
ôl ac ymlaen

Mae'r Haul yn
bwrw cysgod ar
sylladur y gorwel

Mae llafn bach
yn dangos i'r
morwr lle mae ····

◀ Dyfais mordwyo

Yn 1594, roedd mwy a mwy o
fforwyr yn hwylio i ddod o hyd i
wledydd pell newydd. Dyfeisiodd
John Davis, morwr o Loegr, y
'backstaff', dyfais oedd yn helpu
llongau i gadw at eu llwybr drwy
ddefnyddio cysgod yr Haul.

·· Mae'r morwr yn gosod
sylladur y gorwel dros
y gorwel go iawn

Mythau a chwedlau

Darganfod disgyrchiant

Syr Isaac Newton, yr athrylith
gwyddonol, oedd y person cyntaf
hefyd i ddisgrifio disgyrchiant, y
grym anweledig sy'n tynnu
pethau i'r ddaear. Yn ôl y
chwedl, cafodd y syniad
gwych hwn ar ôl i afal syrthio
o goeden a'i daro ar ei ben!

MAE GEN I
SYNIAD...
A PHEN TOST.

···· Grym disgyrchiant
sy'n tynnu'r afal i
lawr i'r ddaear

Aderyn bricsen

Bricsen â stydiau ar bob ochr yw corff pob aderyn carreg. Felly mae'n bosibl ychwanegu dwy adain, cynffon a phen hefyd.

Darn fflam i'r adain ...

Pen o fricsen â sgrôl ochr

Adeilada!

Cyfnod creadigrwydd

Dros Ewrop i gyd, yn enwedig yn ninasoedd yr Eidal fel Fflorens a Rhufain, roedd artistiaid yn gwneud pethau newydd, cyffrous. Roedd newidiadau mewn gwleidyddiaeth a gwyddoniaeth, yn ysbrydoli ysgrifenwyr, cerflunwyr, cerddorion ac arlunwyr.

... Roedd y ffigurau'n aml yn llawer mwy na'r maint go iawn

... Roedd rhaeadrau oer yn boblogaidd mewn dinasoedd cynnes fel Rhufain

Eiliadau allweddol

1503 Dechreuodd Leonardo da Vinci un o'i ddarluniau mwyaf enwog, y 'Mona Lisa'. Cymerodd hi **14 blynedd** iddo gwblhau'r campwaith – roedd naill ai'n berffeithydd, neu'n brysur iawn, iawn!

1504 Arddangoswyd cerflun o Dafydd, y brenin yn y Beibl, gan Michelangelo, yn ninas Fflorens. Heddiw, mae dros filiwn o bobl y flwyddyn yn **ymweld â'r amgueddfa** lle mae Dafydd.

Cerfluniau a cherflunio ▲

Gwnaeth cerflunwyr gerfluniau a phistylloedd crand i sgwariau dinasoedd a mannau cyhoeddus. Roedd llawer ohonyn nhw o farmor ac yn dangos duwiau, duwiesau, a chreaduriaid o hen fytholeg.

... Mae'r lifer yn dod â'r teip a'r papur at ei gilydd

... Llythrennau metel mewn hambwrdd

◀ Llyfrau i bawb

Ar ôl datblygu'r gweisg argraffu mecanyddol cyntaf, roedd hi'n bosibl cynhyrchu llyfrau yn llawer mwy cyflym a rhad. Felly roedd hi'n haws i ysgrifenwyr a meddylwyr ledaenu eu syniadau newydd.

... Mae'r ffrâm yn dal papur cyn ac ar ôl argraffu

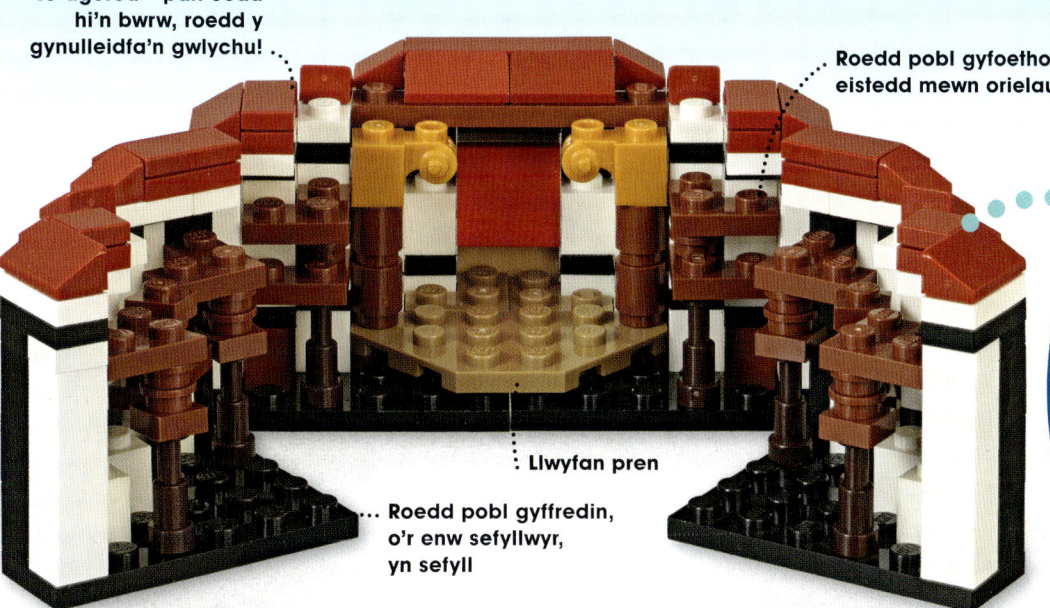

To agored – pan oedd hi'n bwrw, roedd y gynulleidfa'n gwlychu!

Roedd pobl gyfoethog yn eistedd mewn orielau dan do

Llwyfan pren

... Roedd pobl gyffredin, o'r enw sefyllwyr, yn sefyll

Agor yn iawn

Mae platiau â cholfach wedi'u cuddio o dan y to, bob ochr i'r llwyfan. Felly mae'r model yn gallu agor a dangos y tu mewn i'r theatr.

Platiau â cholfach ...

Adeilada!

▲ Ar y llwyfan

Perfformiwyd dramâu William Shakespeare yn Theatr y Glob, Llundain. Roedd mynd i'r theatr yn boblogaidd. Byddai dros 2,000 o bobl yn gwasgu i mewn i weld y ddrama ddiweddaraf – yn gweiddi hwrê a bwio, siarad, yfed a bwyta!

Allweddau

◄ Cerddoriaeth

Yr harpsicord oedd yr offeryn cerddorol mwyaf ffasiynol yn Ewrop yn y cyfnod hwn. Roedd yn groes rhwng piano a gitâr – o wasgu'r allweddau, roedd yn plycio ei dannau ei hun, gan wneud sain fain, glir.

LLWYFAN YW'R BYD I GYD, YN ENWEDIG YN Y GLOB!

Addurniadau hardd y tu allan

Mewn mannau eraill yn y byd

Cerddoriaeth yn Japan

Yn theatr Japan, roedd gan yr actorion golur dramatig, fel masg. Roedd shamisen, math o gitâr â gwddf hir iawn, yn canu'r gerddoriaeth.

Mae tri thant yn gwneud sain fel clychau ...

Pegiau'n troi i gyweirio'r tannau

Oes diwydiant

Dyma oes pan aeth pobl yn brysur – yn brysur iawn! Dyfeisiwyd peiriannau oedd yn llawer cyflymach na phobl am wneud pethau. Daeth ffatrïoedd i lenwi dinasoedd, a newid sut roedd pobl yn gweithio yn llwyr. Does dim rhyfedd mai'r Chwyldro Diwydiannol yw enw'r cyfnod!

Mae'r olwyn yn troi'r gwerthydau

1764
Peiriant nyddu
Yn y DU, dyfeisiodd James Hargreaves beiriant oedd yn nyddu edau cotwm yn llawer cyflymach na gweithiwr. Galwodd y peiriant yn 'jenny', yn fyr am injan. Dyma ddechrau'r Chwyldro Diwydiannol!

1810
Brwydr dros annibyniaeth Mecsico
Yn dilyn gwrthryfel gan y Mecsicanwyr, daeth y wlad yn rhydd o ofal Sbaen yn 1821. Ysbrydolwyd gwledydd eraill i ddilyn eu hesiampl.

Mae gan stethosgop modern ddau blwg clustiau a darn i'r frest

1816
Stethosgop
Datblygodd René Laennec, meddyg o Ffrainc, diwb pren syml i'w helpu i glywed curiad calon ei gleifion.

1823
Cyfrifiadur cynnar
Yn Lloegr, dyfeisiodd Charles Babbage gyfrifiannell fecanyddol awtomatig – the Difference Engine oedd ei enw arni. Adeiladodd e ddim ohoni, ond rydyn ni'n gwybod nawr y byddai ei ddyluniad o gyfrifiadur cynnar wedi gweithio'n berffaith!

1848
Y rhuthr am aur
Ar ôl i ffermwr ddod o hyd i aur yn California, UDA, cydiodd dros 300,000 o bobl yn eu rhofiau a mynd am y bryniau. Roedd pob un yn gobeithio palu ffortiwn iddo'i hun!

GOBEITHIO EI BOD HI'N OES AUR I MI!

1885
Car Benz
Karl Benz, peiriannydd o'r Almaen, ddyfeisiodd y car cyntaf ag injan betrol. Dim ond tair olwyn oedd ganddo, a doedd e ddim yn mynd yn gyflym iawn!

1891
Rheilffordd Traws-Siberia
Yn Rwsia, dechreuodd gwaith ar reilffordd i gysylltu Moscow â Vladivostok, bron i 10,000 km (5,700 milltir) i ffwrdd. Dyma reilffordd hiraf y byd o hyd.

Roedd chwyddwydrau'n helpu ditectifs i chwilio am olion bysedd ...

1892
Datrys troseddau
Heddlu'r Ariannin oedd y cyntaf i ddatrys trosedd gan ddefnyddio gwyddoniaeth olion bysedd. Dalion nhw droseddwr ar ôl codi olion bysedd oddi ar ddrws.

.. Locomotif ag injan stêm

Ffenestri
Defnyddia frics lampau mawr i greu ffenestri bach. Tro'r stydiau ochr tuag i mewn, i'r brics edrych fel ffenestri sgwâr.

Ysgrifennwyd y Datganiad Annibyniaeth mewn tŷ yn Philadelphia, UDA

Bricsen golau mawr 1x1

Abraham Lincoln, Arlywydd Unol Daleithiau America, 1861–1865

Adeilada!

AM GYFNOD PWYSIG!

1776
Annibyniaeth UDA
Ar 4 Gorffennaf, cafodd y Datganiad Annibyniaeth ei wneud a dechreuodd UDA ffurfio ei system lywodraeth ei hun.

1783
Balŵn aer poeth
Lansiwyd y balŵn aer poeth cyntaf heb unrhyw deithwyr. Hwyaden, iâr a dafad oedd criw'r ail lansiad ym Mharis. Roedd y dyfeiswyr yn rhy nerfus i brofi'r balŵn eu hunain!

Roedd cyffion haearn am goesau'r carcharorion yn ystod y daith

1788
Gwladychwyr Awstralia
Mae tua 1,500 o garcharorion Prydeinig a'u gwarchodwyr yn cyrraedd Awstralia ar ôl hwylio o Loegr. Gyda'i gilydd, maen nhw'n sefydlu allbost Prydeinig newydd.

1789
Dechrau'r Chwyldro Ffrengig
Ym Mharis, protestiodd pobl am sut roedden nhw'n cael eu trin. Penderfynon nhw gipio grym oddi ar y brenin a rheoli Ffrainc eu hunain.

Cocarde yw enw bathodyn y Chwyldro Ffrengig

1851
Yr Arddangosfa Fawr
Yn Llundain, daeth tyrfaoedd i adeilad gwydr enfawr o'r enw'r Palas Grisial i weld yr Arddangosfa Fawr. Roedd hi'n llawn o ryfeddodau o bedwar ban y byd.

1859
Louis Pasteur
Gwnaeth Louis Pasteur, gwyddonydd o Ffrainc, ddarganfod mai organebau bach o'r enw bacteria (germau) sy'n achosi rhai clefydau. Helpodd hyn i atal clefydau ac i achub bywydau.

1873
Jîns glas
Cafodd y trowsus denim cyntaf eu gwneud i weithwyr yn UDA oedd ag angen dillad i bara'n dda.

1876
Y ffôn cyntaf
Gwnaeth y dyfeisiwr Alexander Graham Bell yr alwad ffôn gyntaf erioed – i'w gynorthwyydd yn yr ystafell drws nesaf!

1883
Krakatoa yn echdorri
Pan ffrwydrodd y llosgfynydd ar ynys Java (Indonesia nawr), roedd y twrw anferthol i'w glywed 4,800 km (3,000 milltir) i ffwrdd.

Lafa yw'r enw ar graig dawdd boeth

Roedd y palas wedi'i wneud o 300,000 darn o wydr

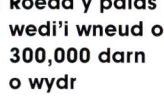

Plât 1x2 â barrau

Mynd gyda'r llif
Rho blatiau â chlipiau wrth fariau i greu llwybr llethr i'r lafa. Rho elfennau tryloyw coch, oren a melyn ar ben y platiau.

Plât 1x2 â chlip

Adeilada!

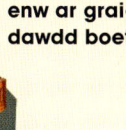

Y Chwyldro Americanaidd

Yn 1765, roedd America yn dal i fod yn rhan o Brydain, ond roedd y bobl yno eisiau rheoli eu hunain. 80 mlynedd yn ddiweddarach, ar ôl llawer o frwydrau, cytunodd y ddwy ochr i gymodi. Ganwyd gwlad newydd sbon – Unol Daleithiau America!

Heddiw mae 50 o sêr, un i bob talaith

Sêr a streipiau ▲

Lluniwyd baner UDA yn 1777. Roedd ganddi 13 streipen, un i bob trefedigaeth wreiddiol, a 13 seren, un i bob un o'r taleithiau yn y UDA newydd.

Te Parti Boston ▶

Roedd pobl yn America yn gandryll bod rhaid talu trethi i Brydain. Yn 1773, aeth rhai ar longau Prydeinig yn Harbwr Boston a thaflu eu cargo o de i'r môr mewn protest!

Roedd llongau o'r enw clipers te yn cludo te dros y môr

Gadawyd 342 cist o de yn arnofio yn y dŵr

Mythau a chwedlau

Cloch Rhyddid

Cloch Rhyddid yw un o symbolau mwyaf enwog y Chwyldro. Yn ôl y chwedl, canwyd hi ar 4 Gorffennaf, i ddathlu annibyniaeth America. Does neb yn gwybod a ddigwyddodd hyn go iawn!

Mae'r gloch yn hongian o drawst pren

Mae melinau gwynt yn pwmpio dŵr o'r ddaear i'r gwartheg ei yfed ....

Anifeiliaid mewn llecyn wedi'i amgáu o'r enw 'corral' neu gorlan

Adeilada!

Darn telesgop ...

Rhwyll â llethr 1x2 ...

Melin wynt
Mae pedwar darn rhwyllog 1x2 â llethr yn edrych fel yr estyll ar ochrau serth y felin wynt.

Wageni gyda llochesau cynfas drostyn nhw

▲ Ransh gwartheg
Ffermydd enfawr oedd ranshis – gyda hyd at 5 miliwn o wartheg! Yn y gwanwyn, roedd cowbois yn casglu miloedd o wartheg i fynd â nhw i'r orsaf reilffordd agosaf i gael eu cludo i'w gwerthu.

Roedd ceffylau neu ychen yn tynnu'r wageni

▲ Llwybr y wageni
Paciodd teuluoedd o arfordir dwyrain America bopeth oedd ganddyn nhw i wageni a theithio i gael bywyd newydd yn y gorllewin. Byddai cannoedd o wageni'n teithio gyda'i gilydd ar y ffordd hir, galed, a pheryglus.

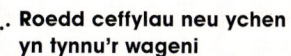

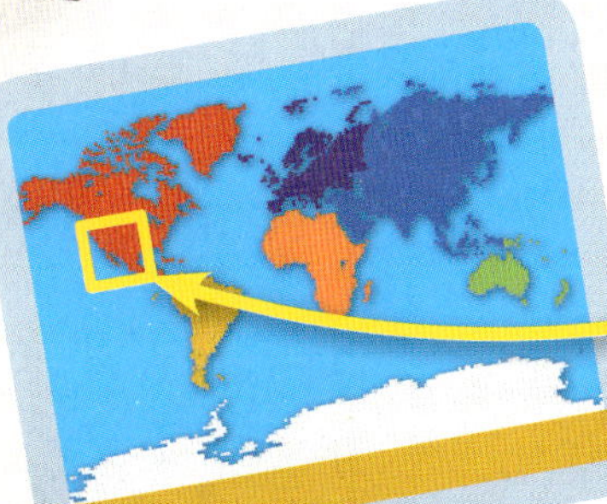

Ble yn y byd?

Y Gorllewin Gwyllt

Eiliad allweddol

1862 I annog pobl i symud i'r gorllewin, cyhoeddodd y llywodraeth y gallai'r arloeswyr gael **tir am ddim**, ond iddyn nhw godi cartref a ffermio eu tir am bum mlynedd o leiaf.

Roedd UDA yn wlad enfawr. Aeth miloedd o bobl o arfordir gorlawn y dwyrain i'r tiroedd eang, gwag, yn y gorllewin. Roedden nhw eisiau gwneud eu ffortiwn fel ffermwyr, ranshwyr gwartheg, neu fwynwyr aur.

Y Chwyldro Diwydiannol

Ym Mhrydain dechreuodd oes peiriannau a ffatrïoedd, ond lledaenodd i wledydd eraill yn fuan. Symudodd pobl o gefn gwlad i'r dinasoedd fel eu bod yn fwy, yn fwy prysur, ac yn fwy swnllyd gyda sŵn stêm yn gollwng, peiriannau'n clecian, injans yn seinio, a ffwrneisiau'n rhuo!

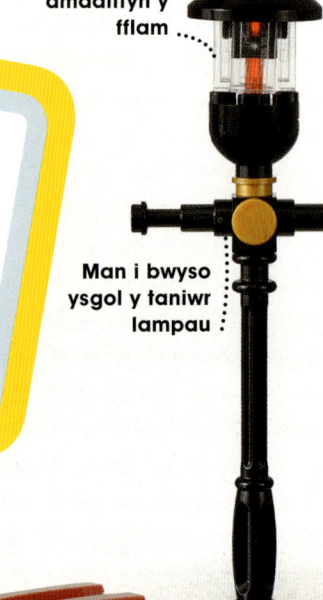

Lamp nwy ▼

Mewn trefi a dinasoedd, lampau nwy oedd yn goleuo'r strydoedd. Bob nos, roedd yn rhaid i daniwr oleuo pob lamp. Yn y bore, roedd yn dod i'w diffodd nhw eto!

Cas gwydr i amddiffyn y fflam ......

Man i bwyso ysgol y taniwr lampau

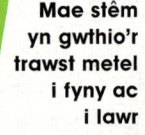

Eiliadau allweddol

1825 Daeth mwy a mwy o bobl i Lundain i weithio mewn ffatrïoedd, felly hi oedd dinas **fwyaf y byd**, yn fwy na Beijing, gyda 1.35 miliwn o bobl yn byw yno.

1833 Ym Mhrydain, daeth deddf newydd i **atal plant ifanc** rhag gweithio mewn ffatri. O hyn allan, roedd rhaid i weithwyr fod yn 9 mlwydd oed o leiaf!

Mae stêm yn gwthio'r trawst metel i fyny ac i lawr ......

Mae'r trawst yn gwneud i'r chwylolwyn droi

▲ Injan stêm

Gwnaeth James Watt, y dyfeisiwr o'r Alban, injan stêm oedd yn twymo dŵr ac yn pwmpio ager i wneud i'r rhannau symud. Cyn hir, roedd ei ddyfais glyfar yn gyrru peiriannau mewn pyllau glo, melinau a ffatrïoedd.

MAE'R BYD YN MYND AR RAS NAWR!

Panel wal cornel 1x1

Bricsen golau mawr 1x1

Ffenestri clir
Gwna res o ffenestri ffatri sgwâr gan ddefnyddio briciau golau mawr yn wynebu tuag i mewn. Paneli waliau tenau yw waliau eraill y ffatri.

Adeilada!

Cerbyd i gludo teithwyr neu nwyddau

Bywyd y ffatri ▶

Codwyd adeiladau enfawr o'r enw ffatrïoedd i wneud pethau fel lliain gan ddefnyddio'r peiriannau newydd oedd wedi eu dyfeisio. Roedd cannoedd o bobl yn gweithio ddydd a nos i wneud nwyddau yn y ffatrïoedd cynnar hyn.

Olwyn ddŵr i bweru peiriannau

Mae trên yn cario nwyddau i'r ddinas ac ohoni

PAWB AR Y TRÊN DEG MUNUD I NAW I GAERDYDD.

▶ Trên stêm

Yn y 1840au, aeth pobl yn ddwl am adeiladu rheilffyrdd – 'Railway Mania' oedd yr enw ar hyn yn y DU! Cyn hir roedd trenau pwerus yn pwffian ym mhobman, o Awstralia i UDA.

Mewn mannau eraill yn y byd

Balŵn aer poeth
Ar ôl i'r brodyr Montgolfier ddyfeisio balŵn aer poeth yn 1783, gallai pobl deithio yn yr awyr am y tro cyntaf. Ar yr hediad cyntaf gyda pheilotiaid, teithiodd y balŵn tua 9 km (6 milltir) dros Baris cyn glanio'n drwm!

Tân nwy i dwymo'r aer yn y balŵn

Cyfnod adeiladu

Yn y 1800au, roedd busnes yn brysur! Doedd dim llawer o le wrth i ragor o bobl symud i ddinasoedd gorlawn i weithio. Roedd angen ffyrdd gwell, mwy cyflym i bobl deithio a chyfathrebu. Roedd angen adeiladwyr clyfar a pheirianwyr gwych i fwrw iddi ac adeiladu byd modern, cyffrous!

Nendyrau ▼

Codwyd adeiladau tal, cul mewn dinasoedd mawr. Roedden nhw'n cael eu gwneud â fframiau dur, yn lle brics trwm. Felly, roedden nhw'n gallu bod yn dalach nag adeiladau cyffredin ac roedd rhagor o bobl yn gallu byw neu weithio ynddyn nhw.

Eiliadau allweddol

1884 Adeilad Home Insurance yn Chicago, UDA oedd y **nendwr cyntaf â ffrâm ddur.** Roedd yn 42 m o uchder ac roedd gando 10 llawr.

1866 Gosododd peirianwyr ar y llong SS Great Eastern **gebl telegraff** 3,200 km (2,000 milltir) o hyd ar wely Cefnfor Iwerydd.

Roedd gweithwyr yn sefyll ar drawstiau dur i'w sgriwio'n sownd – heb harneisiau'n aml!

Trawstiau dur i sefydlogi'r adeilad, yn ddwfn yn y ddaear

Daliwr barrau â chlip

Help i adeiladu
Mae ffrâm o fariau a dalwyr barrau â chlipiau yn cario ychydig bach o frics 1x1.

Adeilada!

SUT MAE'R TYWYDD I FYNY FAN 'NA?

Pont grog ▶

Roedd peirianwyr yn defnyddio haearn a dur i wneud pontydd newydd i gario llwythi trwm dros hydoedd eang o ddŵr. Pont grog yw'r enw ar bont lle mae'r dec yn hongian o geblau cryf.

Twr tal ar bob pen

Mae'r ffordd (o'r enw'r dec) yn hongian o gadwyni metel cryf

Chwe mast a phum corn mwg

211 m o hyd

▲ Cwch Brunel

Adeiladodd Isambard Kingdom Brunel, peiriannydd o Loegr, longau ager mawr, fel yr SS *Great Eastern*, i gludo nwyddau a theithwyr rhwng Prydain ac UDA.

Bric 1x2 â thwll

Llyw llong LEGO

Llong sy'n dal dŵr

Mae'r pin ar gefn llyw llong LEGO® yn ffitio'n berffaith wrth gorff y llong.

Adeilada!

◀ Anfon newyddion

Yn y 1830au, dechreuodd pobl ddefnyddio ceblau i anfon negeseuon dros bellteroedd. Roedd angen tapio signalau mewn cod o gliciau, ac roedd rhywun yn eu codi a'u datgodio ar y pen arall.

Roedd polion pren yn dal y ceblau telegraff copr

Roedd ceblau'n aml yn rhedeg ar hyd traciau rheilffordd

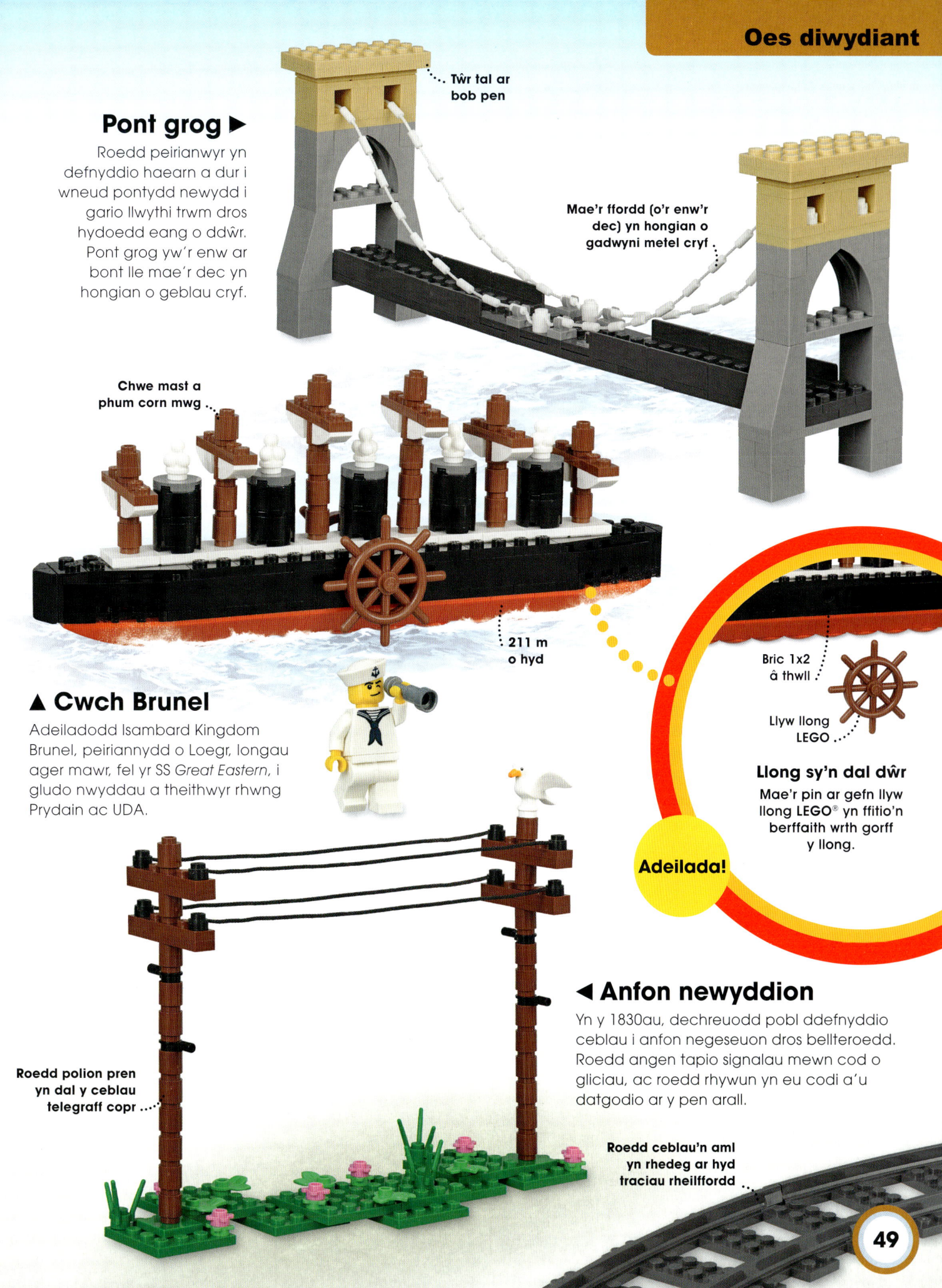

Dyfeisiadau cyffrous

Ar ddiwedd y 1800au, gwnaeth dyfeiswyr a gwyddonwyr lawer o bethau newydd anhygoel. Oherwydd eu syniadau, byddai bywyd yn y ganrif nesaf yn wahanol iawn – gyda goleuadau llachar, trafnidiaeth fwy cyflym, a dyfeisiadau newydd fel bod llai o waith caled i bobl gyffredin.

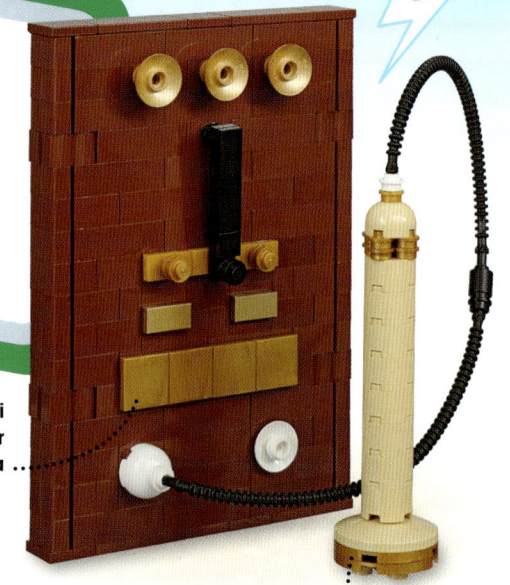

TINC! TINC!

Plât pres wedi'i gyflwyno i'r Frenhines Victoria ....

Ffôn ▲

Roedd y ffôn yn llwyddiant yn syth pan gafodd ei gyflwyno yn 1876. Pan ddangosodd y dyfeisiwr, Alexander Graham Bell, y model hwn i'r Frenhines Victoria, roedd hi wedi dwlu, ac eisiau prynu un!

Roedd y galwr yn siarad i mewn i'r derbynnydd, yna'n ei ddal wrth ei glust i glywed yr ateb

Eiliadau allweddol

1873 Roedd hi'n **llawer cyflymach defnyddio teipiaduron** i argraffu llythrennau, yn lle ysgrifennu. Roedd yr allweddau ar y teipiadur cyntaf fel maen nhw ar y bysellfwrdd ar y cyfrifiadur heddiw.

1901 Cyn sugnwyr llwch, roedd cadw'r llawr a'r carped yn lân gyda brwsh yn unig yn waith caled. Roedd y **peiriant sugnwr llwch cyntaf** mor enfawr, fel mai ceffylau oedd yn ei dynnu rhwng y tai!

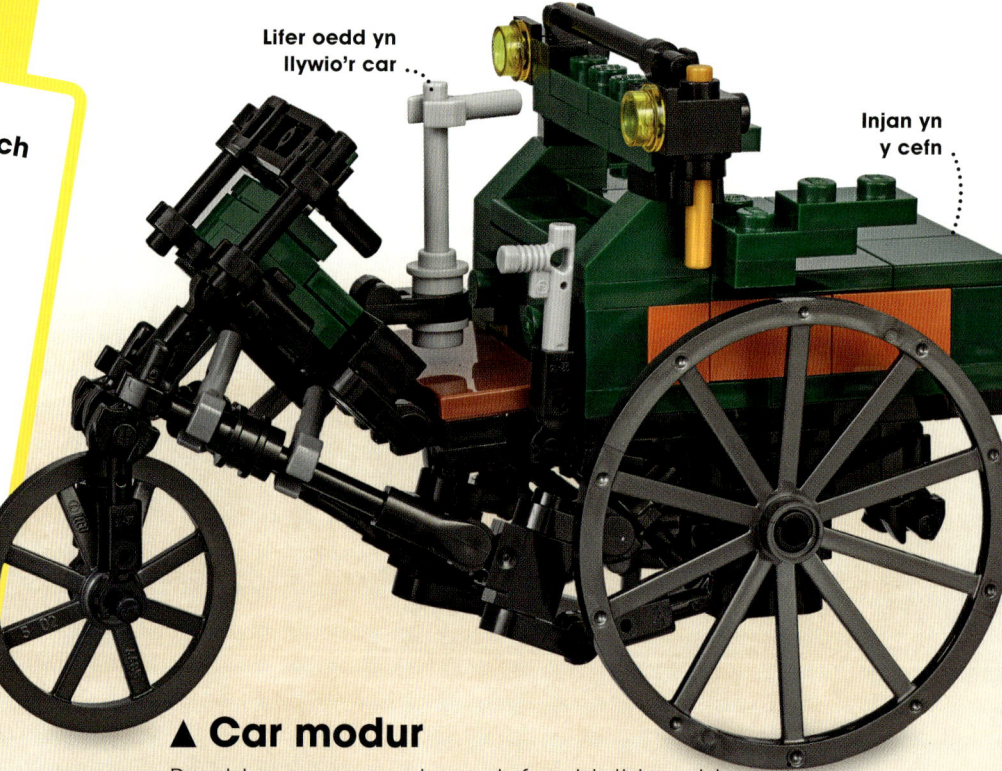

Lifer oedd yn llywio'r car ....

Injan yn y cefn

▲ Car modur

Roedd gan y car modur cyntaf, a ddatblygodd Karl Benz yn yr Almaen yn 1885, dair olwyn. Roedd yn gallu cyrraedd 16 kya (10 mya). Erbyn 1895, roedd Benz wedi gwneud a gwerthu 130 o fodelau. Heddiw mae mwy na biliwn o geir ar y ffordd.

Olwynion beic oedd gan y car cyntaf

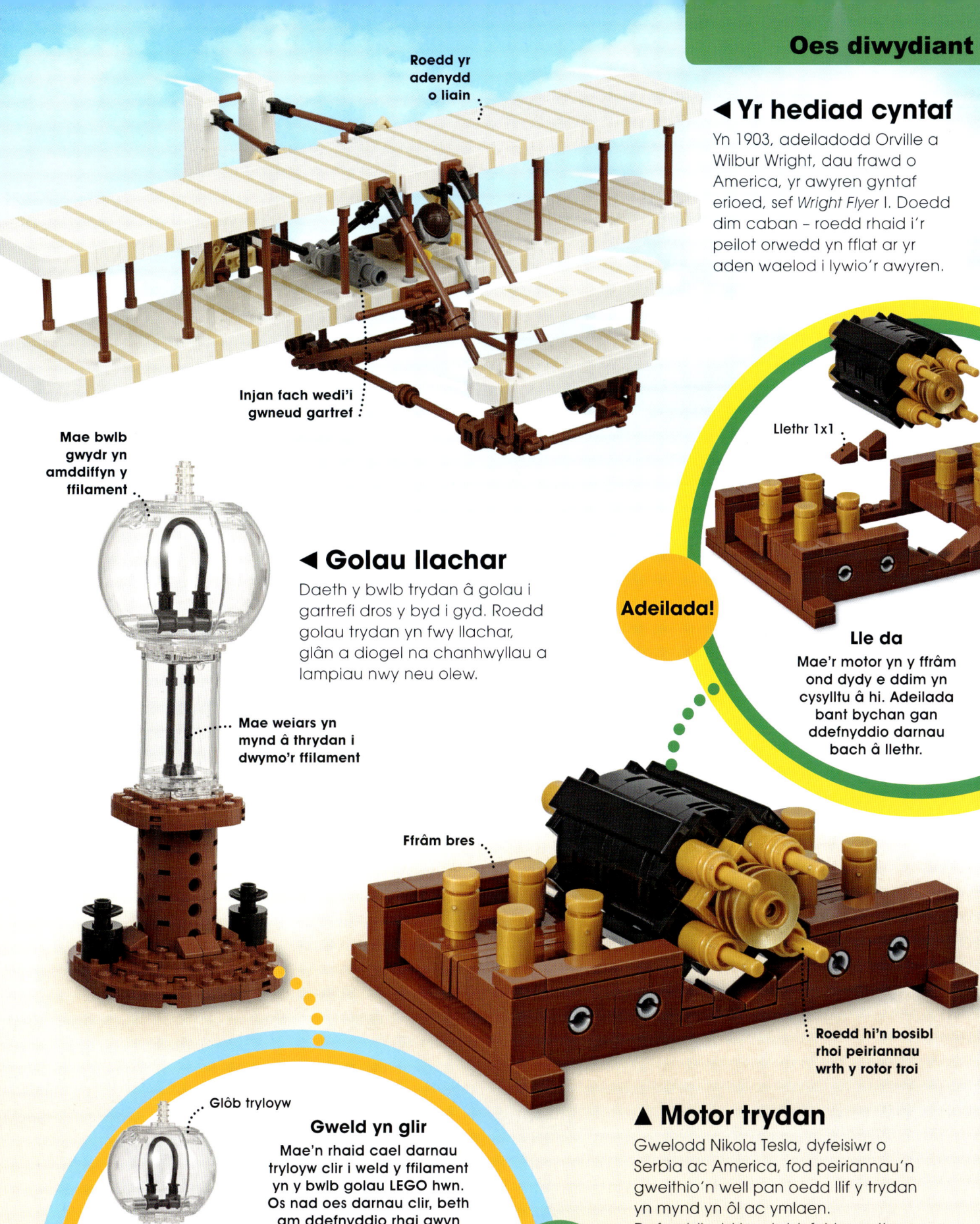

Roedd yr adenydd o liain

◀ Yr hediad cyntaf

Yn 1903, adeiladodd Orville a Wilbur Wright, dau frawd o America, yr awyren gyntaf erioed, sef *Wright Flyer* I. Doedd dim caban – roedd rhaid i'r peilot orwedd yn fflat ar yr aden waelod i lywio'r awyren.

Injan fach wedi'i gwneud gartref

Llethr 1x1

Mae bwlb gwydr yn amddiffyn y ffilament

◀ Golau llachar

Daeth y bwlb trydan â golau i gartrefi dros y byd i gyd. Roedd golau trydan yn fwy llachar, glân a diogel na chanhwyllau a lampiau nwy neu olew.

Mae weiars yn mynd â thrydan i dwymo'r ffilament

Adeilada!

Lle da

Mae'r motor yn y ffrâm ond dydy e ddim yn cysylltu â hi. Adeilada bant bychan gan ddefnyddio darnau bach â llethr.

Ffrâm bres

Roedd hi'n bosibl rhoi peiriannau wrth y rotor troi

Glôb tryloyw

Gweld yn glir

Mae'n rhaid cael darnau tryloyw clir i weld y ffilament yn y bwlb golau LEGO hwn. Os nad oes darnau clir, beth am ddefnyddio rhai gwyn neu felyn?

Darn wal crwm tryloyw

Adeilada!

▲ Motor trydan

Gwelodd Nikola Tesla, dyfeisiwr o Serbia ac America, fod peiriannau'n gweithio'n well pan oedd llif y trydan yn mynd yn ôl ac ymlaen. Defnyddiodd hyn i ddyfeisio math newydd o fotor trydan, sy'n dal i gadw ein byd i redeg heddiw!

Y byd modern

Heddiw, mae'n anodd dal i fyny â byd sy'n symud mor gyflym! Mae technoleg wedi newid sut rydyn ni'n cyfathrebu. Oherwydd meddyginiaethau newydd, rydyn ni'n fwy iach nag erioed. Yn bwysicach, rydyn ni wedi dechrau deall pa mor fregus yw ein planed werthfawr a bod angen i ni i gyd ofalu amdani'n well.

1901

Annibyniaeth Awstralia
Daeth Awstralia yn ffederasiwn, gyda'i baner genedlaethol, Prif Weinidog a'i senedd ei hun.

1903

Y Brodyr Wright
Yn UDA, Wilbur ac Orville Wright oedd y rhai cyntaf i hedfan mewn awyren – dim ond am ychydig eiliadau, ond roedd yn ddechrau!

1928

Rhyfeddod meddygol
Llwyddodd Alexander Fleming, gwyddonydd o'r Alban, i ddarganfod penisilin. Mae wedi achub bywydau miliynau o bobl drwy iacháu heintiau.

> Mae'n bosibl cael pigiad neu dabledi penisilin

1946

Y cyfrifiadur cyntaf
Datblygwyd ENIAC, y cyfrifiadur electronig cyntaf, yn UDA. Roedd yn llenwi ystafell gyfan ac mor drwm â phum eliffant!

1955

Hofrenfad
Dyfeisiwyd yr hofrenfad gyntaf i hofran dros ddŵr, tir, neu iâ ar glustog enfawr wedi'i llenwi ag aer.

> Sgert yw enw'r glustog

1958

Sefydlu NASA
Sefydlwyd 'National Aeronautics and Space Administration' (NASA) yn UDA, oherwydd bod Rwsia wedi lansio roced yn llwyddiannus yn 1957.

> Twr lansio ...

2011

Mwy o boblogaeth
Erbyn mis Hydref 2011, roedd poblogaeth y byd yn 7 biliwn o bobl. Yn 1911, dim ond 1.7 biliwn o bobl o bobl oedd ar y blaned gyfan.

2014

Comed yn glanio
Glaniodd Rosetta, chwiliedydd gofod Ewrop, gerbyd o'r enw Philae ar gomed chwim, er mwyn archwilio o beth mae comedau wedi'u gwneud.

> Mae Philae yr un maint â pheiriant golchi

2019

Newid hinsawdd
Aeth pobl ifanc dros y byd i gyd ar streic o'r ysgol i brotestio yn erbyn newid hinsawdd. Greta Thunberg, 16 oed o Sweden, arweiniodd y mudiad.

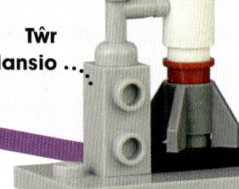

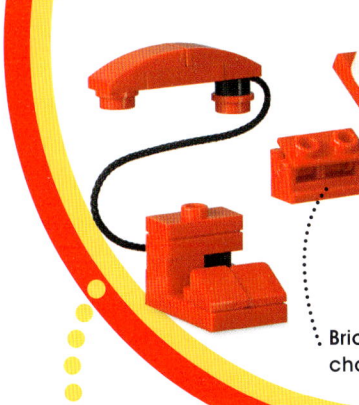

Plât crwn 2x2

Ffonia fi
Defnyddia ddarnau bach LEGO® i ddangos pethau pwysig – fel deial gwyn y ffôn hwn – i greu'r model bach perffaith!

Bricsen â cholfach

Adeilada!

Plât ongl 1x1

Plât crwn 1x1

Teilsen grwn 1x1

Bwa crwm 1x2

Teiars car
Plât crwn a theilsen 1x1 yw'r teiars bach hyn. Mae darn bwa 1x2 yn gwneud gard smart i'r olwyn.

Adeilada!

Roedd rhaid troi'r deial i roi'r rhifau

1907
Plastig ffantastig
Bakelite oedd y plastig cyntaf i gael ei greu. Cafodd dodrefn, recordiau cerddoriaeth, a gemwaith eu gwneud ohono.

Olwynion pren

1908
Ceir, ceir, ceir!
Yn UDA, car model T Ford oedd y car cyntaf roedd pobl gyffredin yn gallu ei fforddio. Roedd chwyldro'r ffordd wedi dechrau!

1912
Titanic
Y Titanic oedd y llong bleser fwyaf, a mwyaf diogel, yn ôl pob sôn. Suddodd ar ei thaith gyntaf ar ôl taro mynydd iâ enfawr!

Roedd 10 dec a 840 caban ar y Titanic

1925
Dyfeisio'r teledu
Lluniau du a gwyn yn unig oedd ar deledu cyntaf John Logie Baird, dyfeisiwr o'r Alban. Datblygodd deledu lliw yn 1928.

1961
Y person cyntaf yn y gofod
Yuri Gagarin, peilot o Rwsia, oedd y person cyntaf i weld y Ddaear o'r gofod, yn ei roced Vostok 1. Pan laniodd Yuri, roedd yn arwr!

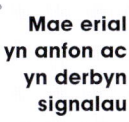

Mae erial yn anfon ac yn derbyn signalau

1973
Y ffôn symudol cyntaf
Doedd y ffonau symudol cyntaf ddim yn symudol iawn! Roedden nhw'n fawr ac yn drwm ac roedd y batri'n para am awr yn unig.

1990
Y wefan gyntaf
Syr Tim Berners-Lee, cyfrifiadurwr o Loegr, ddatblygodd y We Fyd-eang. Roedd hi'n system hawdd ei defnyddio fel bod y Rhyngrwyd ar gael i bawb.

2000
Yr Orsaf Ofod Ryngwladol (ISS)
Mae gwyddonwyr yn byw ac yn gwneud arbrofion ar yr Orsaf Ofod. Mae'r ISS yn mynd o gwmpas y Ddaear 16 gwaith y dydd.

1969
Dyn ar y Lleuad
Neil Armstrong, y gofodwr o UDA, capten taith Apollo 11, oedd y person cyntaf i gerdded ar y Lleuad.

MAE BOWNSIO AR Y LLEUAD YN HWYL!

Nawr mae dros un biliwn o wefannau ar y Rhyngrwyd

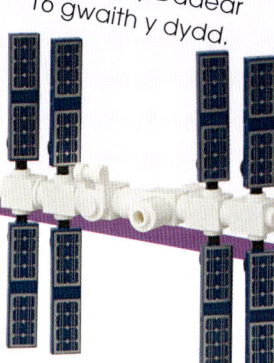

Paneli solar sy'n pweru'r ISS

Amser radio ▼

Yn y 1920au, roedd radio'n fath newydd o adloniant. O gwmpas y byd, byddai teuluoedd cyfan yn ymgasglu o gwmpas y set radio fawr i wrando ar newyddion byw, sioeau comedi a cherddoriaeth.

Sinema ac adloniant

Roedd y 1900au yn gyfnod o adloniant! Roedd pobl yn hoffi gwrando ar y radio gartref neu fynd i'r sinema i weld y ffilmiau diweddaraf. Hollywood, UDA, oedd canolfan y diwydiant ffilmiau newydd. Oherwydd y tywydd heulog, sych, roedd hi'n berffaith i ffilmio yno drwy'r flwyddyn.

Deial i newid rhwng gorsafoedd radio

Riliau o ffilm

◀ Lluniau'n symud

Roedd camerâu ffilm cynnar yn tynnu llawer o ffotograffau (fframiau) bob eiliad a'u storio nhw ar stripiau hir o ffilm. Wrth chwarae'r ffilm yn ôl, roedd y fframiau'n symud mor gyflym, roedd y lluniau'n edrych fel tasen nhw'n symud.

Lens gwydr yn ffocysu'r ddelwedd ...

Eiliad allweddol

1939 Dangoswyd y ffilm *Gone with the Wind* am y tro cyntaf. Dyma'r **ffilm sydd wedi gwneud y swm mwyaf o arian erioed**. Heddiw, byddai wedi ennill 3 biliwn o bunnoedd!

Camera sefydlog ar goesau cadarn

Sgrin fach yn dangos delweddau'n symud

Adeilada!

Teilsen grom 2x2

.... Bricsen gron 4x4

Pin ffrithiant LEGO Technic

Gwna ffilm

Mae teils yn sownd wrth fricsen gron yn creu rîl ffilm. Rho'r riliau wrth y camera â phinnau ffrithiant LEGO® Technic.

▲ Y setiau teledu cyntaf

Aeth y setiau teledu cyntaf – y 'Televisors' – ar werth ddiwedd y 1920au. Dim ond un sianel oedd, roedd y llun yn aneglur, a doedd dim modd gwylio lluniau a chlywed sain ar yr un pryd. Ond roedd yn ddechrau!

... Mae uchelseinyddion yn taflu'r sain yn uchel dros y lle parcio

Mewn mannau eraill yn y byd

Busnes yn Bollywood
Yn ystod oes aur Hollywood, roedd busnes ffilmiau India – neu 'Bollywood' – yn brysur hefyd. Dechreuodd y diwydiant yn Mumbai, yn oes y ffilmiau mud, a daeth yn enwog am epigau hanesyddol a sioeau cerdd moethus. Heddiw, Bollywood yw'r ganolfan gwneud ffilmiau fwyaf yn y byd.

▲ Sinemâu awyr agored

Yn UDA, roedd pobl yn gallu gyrru i sinemâu awyr agored a gwylio ffilmiau yn y car. Roedd hi'n bosibl prynu popcorn a chŵn poeth – ond roedd yn rhaid cadw llygad am y pryfed, wrth i'r goleuadau eu denu nhw!

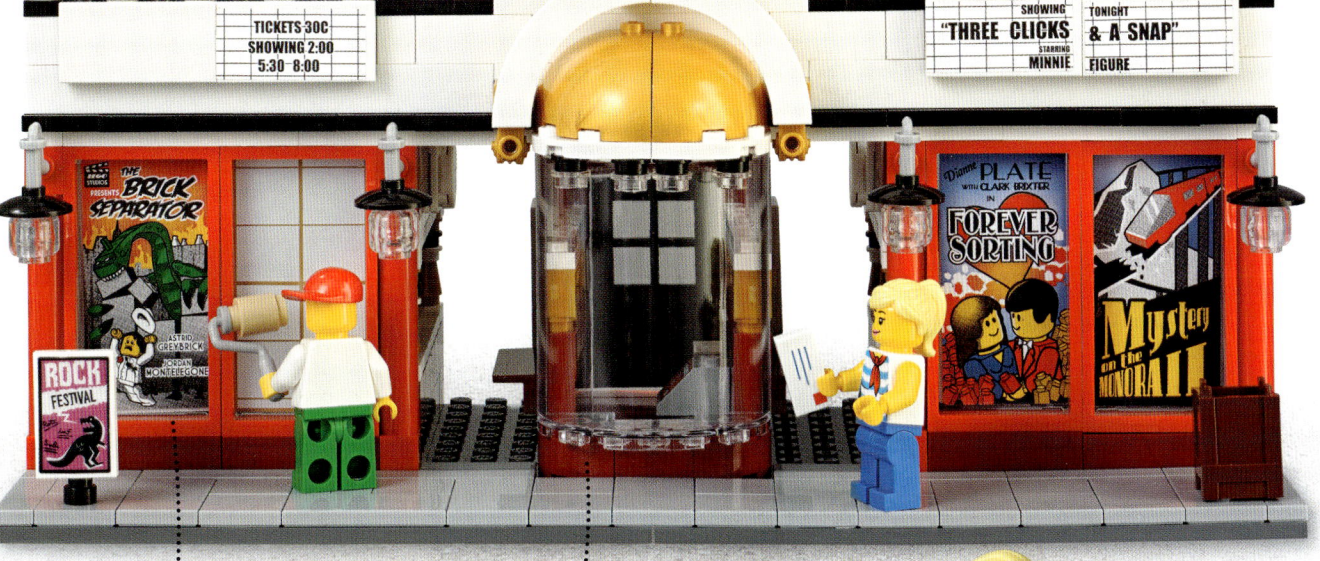

TICKETS 30C
SHOWING 2:00
5:30 8:00

SHOWING "THREE CLICKS" STARRING MINNIE FIGURE TONIGHT & A SNAP

Roedd posteri'n hysbysebu'r ffilmiau nesaf

Bwth tocynnau

▲ Yn y sinema

Roedd sinemâu mor grand, 'palasau lluniau' oedd yr enw arnyn nhw. Roedd goleuadau neon ac addurniadau moethus yn creu awyrgylch hudolus i bobl gael dianc o'r byd go iawn i fyd ffantasi.

A'R FFILM ORAU YW...

...UNRHYW FFILM GYDA FI YNDDI!

ROEDD TRO YN Y GOFOD YN SWNIO'N BRAF!

Sputnik 1 ▶

Yn 1957, lloeren fach, arian oedd y gwrthrych cyntaf gan bobl i fynd o gwmpas y Ddaear. Roedd Sputnik 1 yn anfon signalau radio i ddweud wrth wyddonwyr ar y Ddaear ble roedd e.

Roedd pedwar erial yn anfon signalau'n ôl i'r Ddaear

Roedd synwyryddion gwyddonol yma

Y Ras Ofod

Yn y 1950au, adeiladodd gwyddonwyr rocedi oedd yn ddigon pwerus i gyrraedd y gofod. O hynny allan, roedd hi'n ras. Pwy fyddai'r wlad gyntaf i anfon person i'r gofod? A phwy fyddai'n ennill y wobr fwyaf – bod y person cyntaf erioed i gerdded ar y Lleuad?

Aeth Gagarin yn ôl i'r Ddaear mewn capsiwl

◀ Person yn teithio i'r gofod

Yn 1961, peilot o Rwsia o'r enw Yuri Gagarin oedd y person cyntaf yn y gofod – aeth o gwmpas y Ddaear yn ei long ofod, Vostok 1. Ar ôl taith 108 munud o hyd, glaniodd adref yn ddiogel a dod yn seren dros y byd!

Creu crater

Coda gylch o ddarnau crwm i greu pant ar arwyneb gwastad. Bydd yn edrych fel crater!

Chwarter teilsen grom 2x2

Chwarter bricsen grom 2x2

▼ Dyn ar y Lleuad

Yn 1969, enillodd UDA y ras ofod pan gamodd y peilot Neil Armstrong oddi ar ysgol ei gerbyd glanio a gadael yr ôl troed cyntaf ar arwyneb y Lleuad! Gyda Buzz Aldrin, treuliodd 22 awr yn archwilio'r Lleuad.

Gadawodd y gofodwyr faner lle glanion nhw

Meteorynnau'n cwympo wnaeth y crateri ar y Lleuad

OES METEORYNNAU'N CWYMPO?

Adeilada!

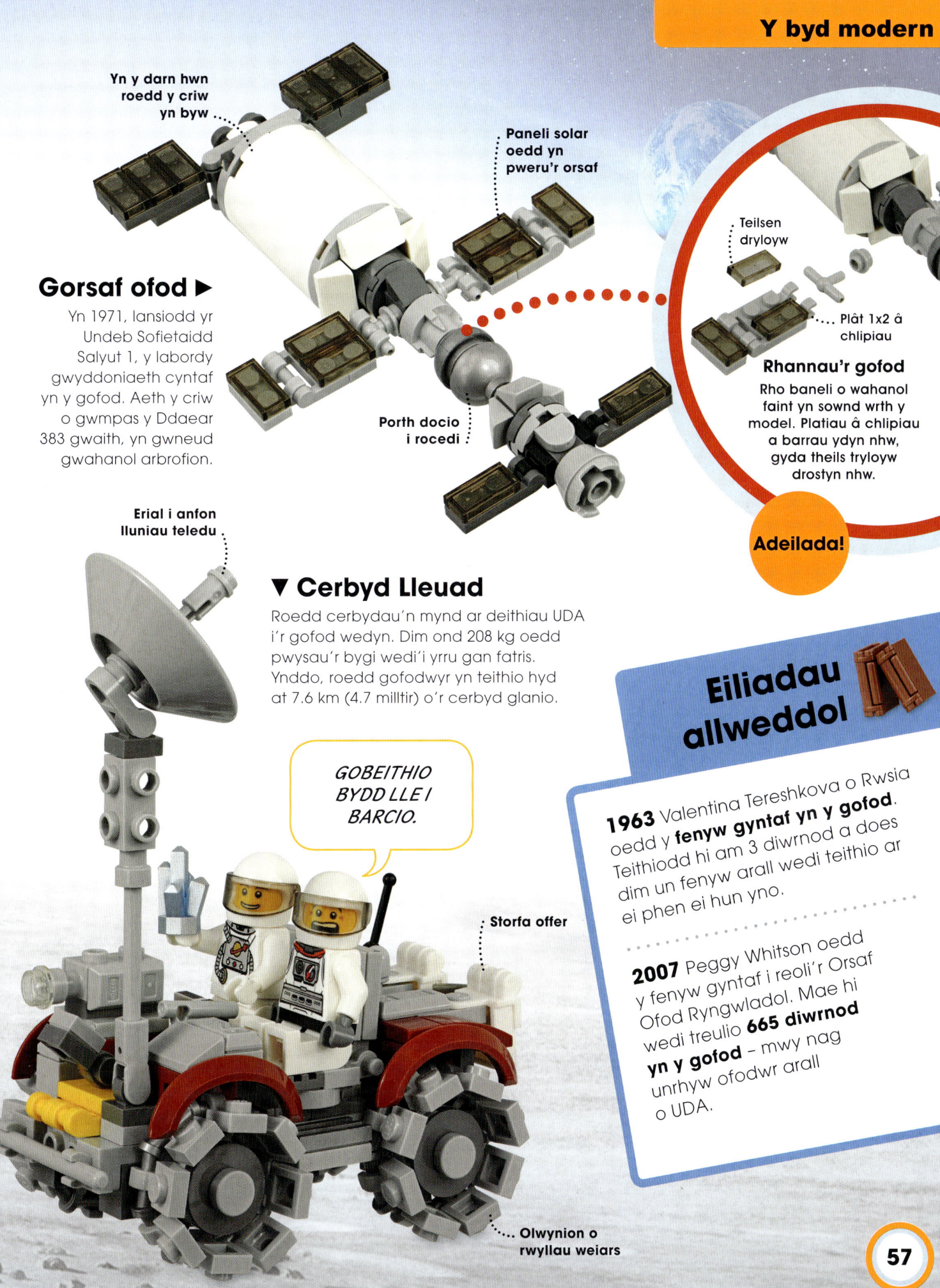

Yn y darn hwn roedd y criw yn byw

Paneli solar oedd yn pweru'r orsaf

Gorsaf ofod ▶

Yn 1971, lansiodd yr Undeb Sofietaidd Salyut 1, y labordy gwyddoniaeth cyntaf yn y gofod. Aeth y criw o gwmpas y Ddaear 383 gwaith, yn gwneud gwahanol arbrofion.

Teilsen dryloyw

Plât 1x2 â chlipiau

Porth docio i rocedi

Rhannau'r gofod

Rho baneli o wahanol faint yn sownd wrth y model. Platiau â chlipiau a barrau ydyn nhw, gyda theils tryloyw drostyn nhw.

Adeilada!

Erial i anfon lluniau teledu

▼ Cerbyd Lleuad

Roedd cerbydau'n mynd ar deithiau UDA i'r gofod wedyn. Dim ond 208 kg oedd pwysau'r bygi wedi'i yrru gan fatris. Ynddo, roedd gofodwyr yn teithio hyd at 7.6 km (4.7 milltir) o'r cerbyd glanio.

GOBEITHIO BYDD LLE I BARCIO.

Storfa offer

Eiliadau allweddol

1963 Valentina Tereshkova o Rwsia oedd y **fenyw gyntaf yn y gofod**. Teithiodd hi am 3 diwrnod a does dim un fenyw arall wedi teithio ar ei phen ei hun yno.

2007 Peggy Whitson oedd y fenyw gyntaf i reoli'r Orsaf Ofod Ryngwladol. Mae hi wedi treulio **665 diwrnod yn y gofod** – mwy nag unrhyw ofodwr arall o UDA.

Olwynion o rwyllau weiars

Technoleg yn llamu ymlaen

Dros y 50 mlynedd diwethaf, mae gwyddonwyr a pheirianwyr wedi gwneud datblygiadau gwych. Mae'r pethau technolegol newydd hyn yn effeithio ar ein bywydau i gyd, o gadw mewn cysylltiad i gadw'r goleuadau ymlaen!

Troelli'r pin

Rho lafnau gwthio sy'n troelli i'r drôn drwy ddefnyddio pinnau LEGO Technic i'w dal nhw'n sownd. Coda nhw'n uwch na'r drôn â darnau crwn.

··· **Llafn gwthio**

···· **Pin LEGO Technic**

Teilsen grwn 2x2 â thwll ···

Adeilada!

Cyflymdra rotorau gwahanol sy'n rheoli'r cyfeiriad

Mae'r erial yn anfon ac yn derbyn signalau

···· **Camera**

▲ Dronau sy'n hedfan

Roedd y dronau cyntaf, 100 mlynedd yn ôl, yn edrych fel balwnau! Heddiw, mae'r robotiaid bach yma yn yr awyr yn gallu tynnu lluniau, casglu data tywydd, a dod â phitsas hyd yn oed! Mae'n bosibl eu rheoli o'r ddaear drwy reolwr pell, neu eu rhaglennu cyn iddyn nhw godi i'r awyr.

Eiliadau allweddol

1982 Datblygwyd y **cryno-ddisgiau** (CDau) cyntaf. Roedden nhw'n dal digon o ddata i storio cerddoriaeth a fideos, yn ogystal â ffeiliau cyfrifiadur.

2011 Datblygwyd y gêm cyfrifiadur Minecraft yn Sweden. Dyma'r gêm cyfrifiadur sydd wedi cael ei **chwarae fwyaf yn y byd**.

Erial hyd at 18 cm o hyd ····

Clustffon a seinydd

◄ Ffonau symudol

Gwerthwyd y ffonau symudol cyntaf mewn siopau yn y 1980au. Roedden nhw mor fawr â brics ac yn pwyso dros 1 kg! Mae ffonau clyfar heddiw yn pwyso llawer llai na hynny, ac yn gwneud yr un pethau â chyfrifiadur desg – a mwy.

···· **Dau fysellbad, i rifau a swyddogaethau**

Pŵer y gwynt ▶

Daeth yn amlwg fod angen i ni ddefnyddio ynni cynaliadwy, ac un sydd ddim yn niweidio'r Ddaear. Bellach, cawn lawer o ynni o donnau'r môr, yr haul, a'r gwynt.

Mae generadur yn troi symudiad yn ynni

Mae'r gwynt yn troi rotorau i wneud ynni ....

Mae tyrbinau gwynt yn aml yn y môr, lle mae hi fwyaf gwyntog

Pŵer rotorau

Defnyddia blât rotor LEGO Technic a darnau gwyn fel llethrau crwm i greu llafnau tyrbin.

Plât rotor LEGO Technic

Llethr crwm 1x4

Adeilada!

HOFFET TI GAEL DIOD?

Mae camerâu fideo yn helpu robotiaid i fynd o gwmpas

◀ Robotiaid yn helpu

Cyfrifiaduron sy'n gallu meddwl a symud drostyn nhw eu hunain yw robotiaid. Mae technoleg seiber wedi datblygu llawer iawn dros yr 20 mlynedd diwethaf. Mae botiaid yn aml yn edrych fel pobl ac wedi'u rhaglennu i helpu pobl gyda'u tasgau bob dydd.

BETH FYDD Y DDYFAIS NESAF, TYBED?

Roedd y monitor yn pwyso dros 10 kg!

Cyfrifiaduron cartref ▶

Citiau i chi eu rhoi wrth ei gilydd oedd y cyfrifiaduron cartref cyntaf! Yn y 1980au, daeth y cyfrifiaduron personol (PC) parod cyntaf – a gemau cyfrifiadur hefyd!

Ffeiliau wedi'u storio ar ddisgiau hyblyg cludadwy

Mae'r traed yn addasu i gydbwyso wrth gerdded

Gall rhai robotiaid redeg, dawnsio a chwarae pêl-droed hyd yn oed!

Dinasoedd modern

Amser maith yn ôl, fel y disgrifiad ar ddechrau'r llyfr hwn, doedd dim pentref, heb sôn am ddinas! Heddiw, mae mwy o bobl erioed yn byw mewn dinasoedd, gyda miliynau'n rhagor yn teithio i'r ddinas bob dydd i weithio, astudio, neu i gael hwyl ac i ymweld.

Blociau o fflatiau i bobl fyw ynddyn nhw ...

Adeilada!

Panel ffenestr

Teilsen hir i addurno

Yn y ffenestr

Bocs yw'r peiriant gwerthu, gyda silffoedd yn y canol. Darnau o ffenestri yw blaen y bocs.

Mae'r eitem yn cwympo i'r bocs casglu

Mae cwsmeriaid yn talu ag arian parod neu gerdyn

◄ Peiriannau gwerthu

Fel arfer mae'n bosibl prynu diodydd a melysion mewn peiriannau gwerthu, ond mewn rhai dinasoedd mae'n bosibl prynu llyfrau, dillad, sglodion poeth, a cheir hyd yn oed!

Systemau teithio ▼

Yn aml, teithio o dan ddinas brysur sydd gyflymaf. System drenau tanddaearol 150 mlwydd oed Llundain yw'r hynaf yn y byd, ac un Beijing yw'r fwyaf prysur, gyda dros 10 miliwn o deithwyr bob dydd.

Ar yr adeg brysur, mae teithwyr yn gwasgu i mewn i'r cerbydau

Mae trenau cul yn mynd drwy dwnelau cul

Mae adeiladau mewn gwahanol arddulliau mewn dinasoedd modern

Eiliadau allweddol

2007 Am y tro cyntaf yn hanes y byd, roedd dros hanner y bobl yn **byw mewn dinasoedd** yn hytrach nag yn y wlad.

2019 Daeth Tokyo yn **ddinas fwyaf erioed**, gyda phoblogaeth o 37 miliwn o bobl.

◀ Gorwel y ddinas

Wrth fynd yn fwy, mae dinasoedd yn tyfu am i fyny, yn ogystal â thuag allan. Oherwydd technoleg fodern, mae'n bosibl codi adeiladau talach o hyd i bobl fyw a gweithio ynddyn nhw. Mae gan floc swyddfeydd talaf y byd – yn Dubai – 163 llawr!

Hysbysebion i dynnu sylw pobl brysur sy'n cerdded heibio

Goleuadau'r ddinas ▶

Mewn llawer o ddinasoedd, mae lle sy'n enwog am oleuadau llachar ac arwyddion lliwgar – Times Square yn Efrog Newydd, Ffordd Nanjing yn Shanghai, ac yn Tokyo mae Akihabara, sef 'Tref Drydan'.

Delweddau sy'n symud ar sgriniau digidol LED

Adeilada!

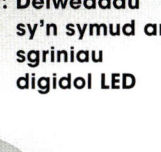

Wal gul ar blât neidio

Ongl y stryd

Adeilada wal ar ongl drwy ei gosod ar un styden a rhoi teils llyfn o'i chwmpas.

Plât neidio 1x2

Styden 1x1

DWI'N GWYBOD BETH DWI EISIAU I GINIO ... PITSA!

Dyma'r adeiladwyr

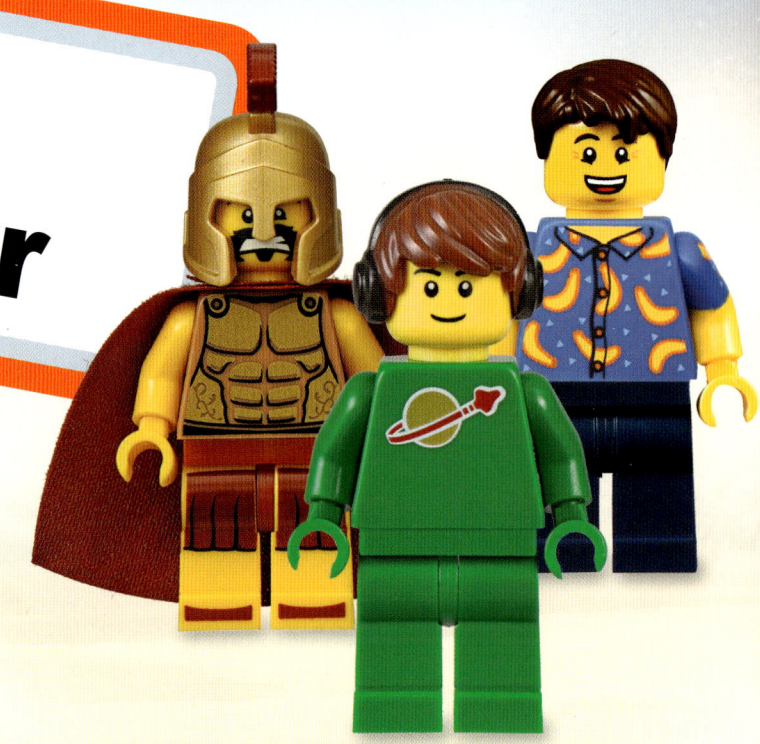

Tîm talentog o adeiladwyr sy'n dwlu ar adeiladu â brics a darnau LEGO® sydd wedi gwneud y modelau yn y llyfr hwn. Yma, maen nhw'n rhannu rhai o'u storïau am adeiladu modelau LEGO.

Jason Briscoe

I ba gyfnod hanesyddol gwahanol hoffet ti deithio?
Oes Fictoria ym Mhrydain, mae'n debyg – roedd sgiliau'r peirianwyr yn anhygoel. Roedden nhw'n gwneud popeth â phapur, pensel, a mathemateg hen ffasiwn, heb gyfrifiadur ... Anhygoel.

Pa un yw dy hoff fodel o'r rhai wnest ti i'r llyfr hwn?
Y sinema, siŵr o fod. Mae'n dangos oes aur sinema sydd wedi hen fynd, a dwi'n hoffi'r addurniadau gwyn ac aur ar y blaen yn enwedig.

Beth yw dy hoff beth i'w adeiladu (heblaw am hanes?)
Llongau gofod a golygfeydd o'r gofod yn y dyfodol.

Pa mor daclus yw dy gasgliad di o frics? Beth yw dy awgrym gwych i gadw brics yn daclus?
Yyymmm, ddim yn daclus iawn ... anhrefn eithaf trefnus sydd gen i ...

Dwi bob amser yn dweud ei bod hi'n well gen i adeiladu na didoli a thacluso brics!

Sinema

Nate Dias

I ba gyfnod hanesyddol gwahanol hoffet ti deithio?

Hoffwn i deithio'n ôl i'r Oesoedd Canol. Dwi'n dwlu ar y syniad o farchogion mewn arfwisg, dwi'n dwlu ar gestyll, a byddai bod yn un o griw hapus Robin Hood yn gwireddu breuddwyd.

Pa un yw dy hoff fodel o'r rhai wnest ti i'r llyfr hwn?

Fy hoff fodel yw'r Sffincs. Dwi'n hoffi sut mae'n edrych – fel y Sffincs go iawn ond yn ddireidus, fel cartŵn.

Beth yw dy hoff beth i'w adeiladu (heblaw am hanes?)

Dwi'n hoffi adeiladu gwrthrychau maint go iawn, ac wedyn eu cuddio nhw yma ac acw. Dwi'n hoffi gweld sut mae pobl yn ymateb wrth sylweddoli mai fersiwn LEGO yw'r eitem mewn gwirionedd.

Sffincs

Pa mor daclus yw dy gasgliad di o frics? Beth yw dy awgrym gwych i gadw brics yn daclus?

Gallai fy nghasgliad o frics fod yn fwy taclus, mae'n rhaid cyfaddef. Er fy mod i'n didoli fy nghasgliad, mae'n mynd yn anhrefnus iawn wrth i mi ddechrau adeiladu (a dwi ddim yn mwynhau tacluso wedyn). Dwi'n hoffi trefnu fy nghasgliad yn ôl darnau. Mae didoli yn ôl lliw yn edrych yn well, ond mae'n fwy anodd dod o hyd i'r rhan sydd eisiau arna i. Er enghraifft, os dwi eisiau bricsen 1x3 goch, mae'n haws i mi ei gweld hi mewn bocs llawn o frics 1x3 gwahanol nag y byddai ei gweld mewn bocs llawn o frics coch.

Simon Pickard

I ba gyfnod hanesyddol gwahanol hoffet ti deithio?

Byddwn i'n mynd yn ôl i gyfnod y Rhufeiniaid. Dwi bob amser wedi hoffi dysgu sut roedd pobl yn byw, yn enwedig y Rhufeiniaid. Mae gen i set gyflawn o arfwisg milwr Rhufeinig, hyd yn oed. Mae'n union fel yr arfwisg sydd ar y ffigurau bach Rhufeinig ar fy model o ffordd Rufeinig!

Pa un yw dy hoff fodel o'r rhai wnest ti i'r llyfr hwn?

Roedd siâp y bwlb trydan yn anodd ei greu mewn elfennau LEGO. Ces i hwyl gyda'r her o weithio allan beth oedd ar gael a sut gallai'r model hwn ddod at ei gilydd. Braf oedd cael gwybod bod y bwlb yn agos

Bwlb golau

iawn at ei faint go iawn, oherwydd y rhannau a ddefnyddiais i.

Beth yw dy hoff beth i'w adeiladu (heblaw am hanes?)

Modelau'n seiliedig ar Blacktron, is-thema'r Gofod LEGO®.

Pa mor daclus yw dy gasgliad di o frics? Beth yw dy awgrym gwych i gadw brics yn daclus?

Mae gen i system storio drefnus iawn sy'n defnyddio hambyrddau didoli bocs twls, er mwyn didoli pob darn yn ôl siâp a lliw. Yr unig ffordd i'w gadw'n daclus yw rhoi'r darnau i gadw bob dydd.

Brics defnyddiol

Mae pob bricsen LEGO® yn ddefnyddiol, ond efallai fod y rhain yn arbennig o ddefnyddiol i adeiladu rhywbeth hanesyddol. Paid â phoeni os nad yw pob un o'r rhain wrth law. Bydd yn greadigol gyda'r darnau sydd gen ti.

Gwybod am frics

Brics yw sylfaen y rhan fwyaf o fodelau LEGO®. Mae llawer o siapiau a meintiau, ac maen nhw'n cael eu galw yn ôl eu maint.

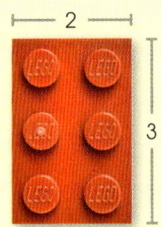

Edrych i lawr ar fricsen 2x3

Edrych o'r ochr ar fricsen 2x3

> ⚠ Mae plant bach yn gallu tagu ar ddarnau bach a pheli bach. Ddim i blant o dan 3 oed.

Mae **platiau** yr un peth â brics, ond yn fwy tenau. Mae tri phlât ar ben ei gilydd yr un uchder â bricsen sylfaenol.

Plât 1x2

3 phlât 1x2   **Bricsen 1x2**

Mae **teils** yn edrych fel platiau, ond heb stydiau arnyn nhw. Felly maen nhw'n edrych yn llyfn i wneud modelau mwy realistig.

Teilsen 2x2

Teilsen grwn 2x2

Teilsen 1x6

Mae **llethrau** yn unrhyw frics sydd ag onglau lletraws. Mae'r rhain yn gallu bod yn fawr, yn fach, yn grwm, neu'n wrthdro (ben i waered).

Llethr 1x2

Llethr gwrthdro 1x2

Llethr crwm 1x3

Cysylltwyr cŵl

Gyda **phlatiau neidio**, mae'n bosibl 'neidio dros' y grid arferol o stydiau LEGO. Defnyddia nhw i osod pethau fel baneri neu addurniadau eraill yn y canol.

Plât neidio 1x2

Mae gwahanol fathau o **frics â stydiau ochr**. Mae'n bosibl adeiladu tuag allan gyda'r rhain, yn ogystal ag am i fyny.

Bricsen 1x1 gyda dwy styden ochr   **Plât ongl 1x2/2x2**

Mae **platiau â chrau** a **phlatiau â phelen** yn cysylltu i wneud cysylltiadau hyblyg ar gyfer cerbydau ac anifeiliaid.

Crau â phelen   **Bricsen 2x2 â phelen**

Mae unrhyw ddarn â **bar** yn gallu ffitio ar ddarn â **chlip**. Defnyddia glipiau a barrau i wneud rhannau sy'n symud neu ag ongl.

Plât 1x2 â bar   **Plât 1x1 â chlip**

Mae **platiau â cholfach** yn gwneud i'r modelau symud o ochr i ochr. Mae **briciau â cholfach** yn ddefnyddiol i ogwyddo pethau i fyny ac i lawr.

Platiau â cholfach   **Bricsen â cholfach 1x2 gyda phlât â cholfach 2x2**

Mae darnau **LEGO® Technic** yn ehangu faint o bethau mae dy fodelau'n gallu eu gwneud.

Trawst LEGO Technic

Pin ffrithiant LEGO Technic

Anifeiliaid

Teilsen grwn 1x1 wedi'i hargraffu ar gyfer llygad

Llethr 1x1 ar gyfer trwyn

Darn asgwrn hir ar gyfer ysgithredd

Plât dannedd onglog 1x1

Adeiladau

Cromen 2x2

Bricsen gron â gwead 2x2

Bricsen boncyff 1x2

Ffenestr rwyllog â bwa

Bwa 1x4x2

Cerbydau

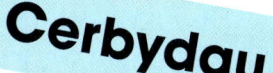

Olwyn cert

Llafn gwthio

Llyw llong

Plât ag ongl ar gyfer hwyl y llong

Olwyn trên

Addurno

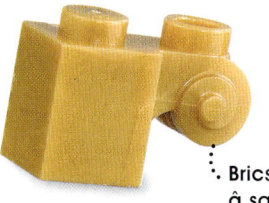

Baner

Bricsen 1x1 â sgròl

Fflam

Gem

Planhigyn

Darn hufen iâ bach ar gyfer stêm neu fwg

Ffigur bach

65

Adeiladu

Beth yw'r gwahaniaeth rhwng pyramid LEGO® a'r un go iawn? Does dim angen cymaint o frics i adeiladu'r model LEGO! Meddylia am raddfa wrth ail-greu golygfa hanesyddol neu wrthrych mewn darnau LEGO, neu byddi di'n creu injan stêm neu roced ofod maint go iawn!

Modelau bach

Wrth ddewis y brics cywir, mae'n bosibl gweld yn syth beth yw model LEGO® bach. Dewisa rai nodweddion allweddol adeilad hanesyddol neu wrthrych a meddylia pa ddarnau LEGO bach fyddai'n dda i'w copïo nhw. Er enghraifft, mae llond llaw o ddarnau â llethr yn gallu gwneud wyneb carreg syml.

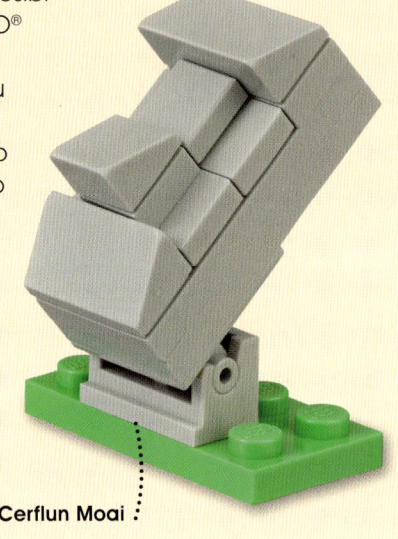

Awgrym!

Cofia gael hwyl

Paid â phoeni os yw rhywbeth yn mynd o'i le gyda dy fodel. Tro fe yn rhywbeth arall neu dechreua eto. Mae hwyl i'w gael wrth adeiladu!

Llethr 1x2

Plât 2x4

Bricsen â cholfach 1x2 a phlât â cholfach 2x2

Cerflun Moai

Golygfa fach

Ar ôl meistroli modelau bach, beth am greu model bach o olygfa hanesyddol gyfan? Trefna adeiladau, cerbydau, golygfa a hyd yn oed anifeiliaid ar raddfa fach ar blât sylfaen i wneud model sy'n berffaith i'w arddangos.

Coeden fach

Tŷ fferm canoloesol

Buwch fach

Ffigurau bach

Mae ffigurau bach yn dod â model LEGO yn fyw. Os wyt ti'n adeiladu model LEGO yn seiliedig ar rywbeth y byddai person wedi'i ddefnyddio, beth am wneud i'r maint fod yn gywir i'r person bach yn lle hynny?

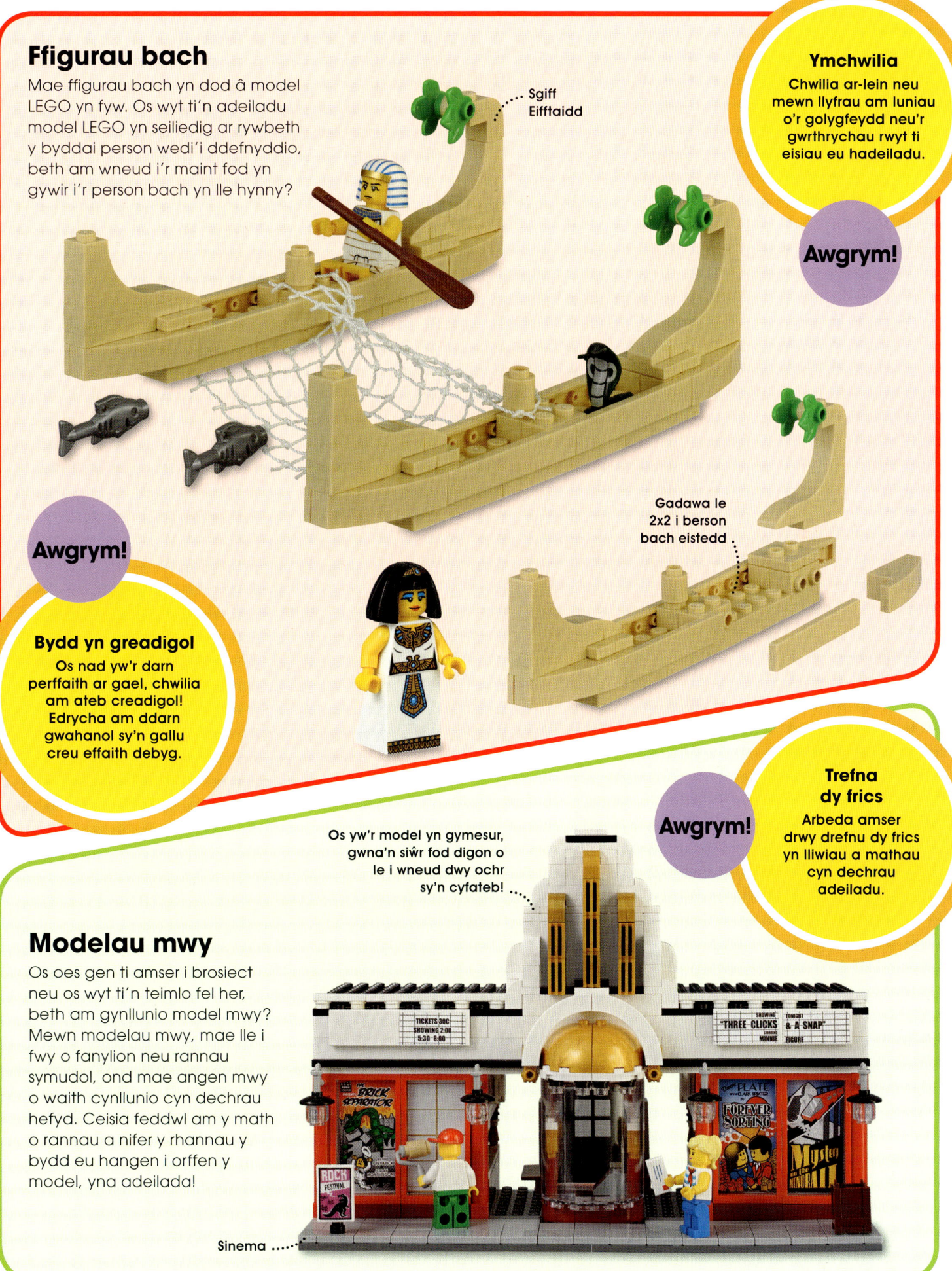

Sgiff Eifftaidd

Ymchwilia

Chwilia ar-lein neu mewn llyfrau am luniau o'r golygfeydd neu'r gwrthrychau rwyt ti eisiau eu hadeiladu.

Awgrym!

Awgrym!

Bydd yn greadigol

Os nad yw'r darn perffaith ar gael, chwilia am ateb creadigol! Edrycha am ddarn gwahanol sy'n gallu creu effaith debyg.

Gadawa le 2x2 i berson bach eistedd

Trefna dy frics

Arbeda amser drwy drefnu dy frics yn lliwiau a mathau cyn dechrau adeiladu.

Awgrym!

Os yw'r model yn gymesur, gwna'n siŵr fod digon o le i wneud dwy ochr sy'n cyfateb!

Modelau mwy

Os oes gen ti amser i brosiect neu os wyt ti'n teimlo fel her, beth am gynllunio model mwy? Mewn modelau mwy, mae lle i fwy o fanylion neu rannau symudol, ond mae angen mwy o waith cynllunio cyn dechrau hefyd. Ceisia feddwl am y math o rannau a nifer y rhannau y bydd eu hangen i orffen y model, yna adeilada!

Sinema

Sut i adeiladu

Dyma sut i wneud y deml Roegaidd, y pad lansio rocedi, y mamoth gwlanog, a'r pagoda sy'n dod gyda'r llyfr hwn. Dyma ddechrau casgliad o fodelau hanesyddol! Beth (a phryd) byddi di'n adeiladu nesaf?

Teml Roegaidd

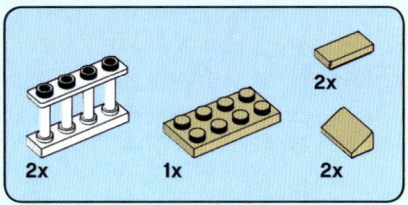

2x   1x   2x   2x

3

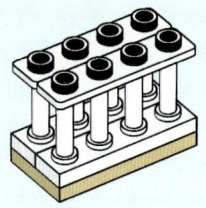

1

4

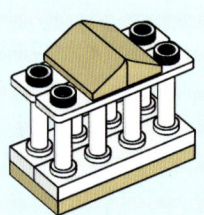

2

5

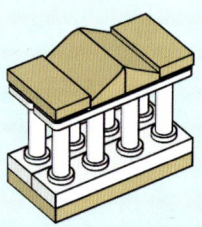

Pad lansio rocedi

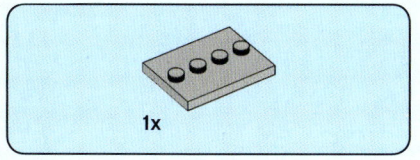

1

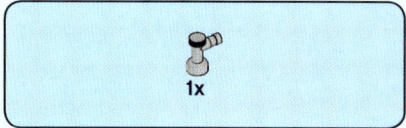

4

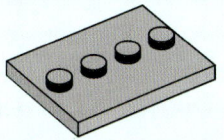

2

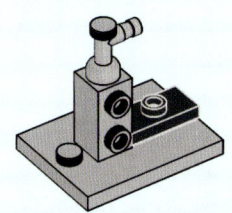

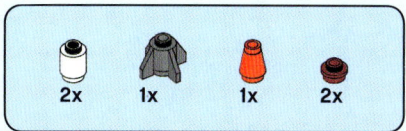

5

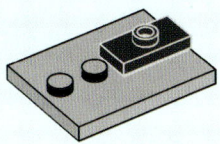

3

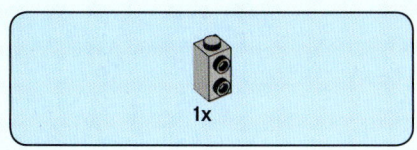

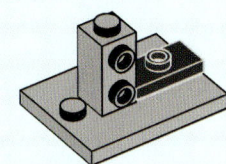

Mamoth gwlanog

1

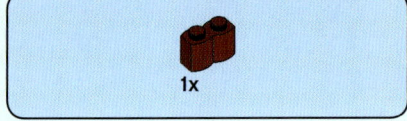

1x

2

1x

3

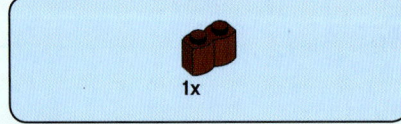

1x

4

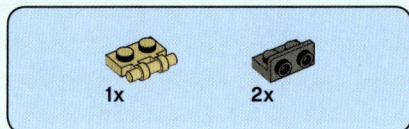

1x   2x

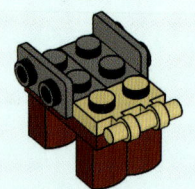

5

1x

6

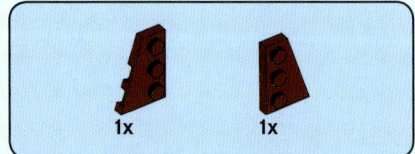

1x   1x

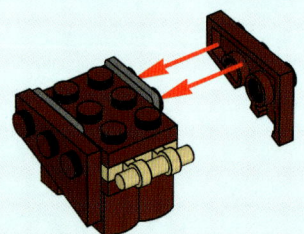

7

1x

8

1x

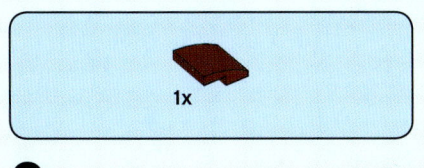

9

2x

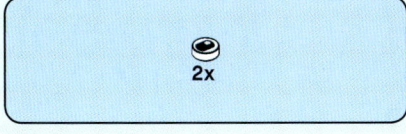

10

1x 1x

11

2x 2x

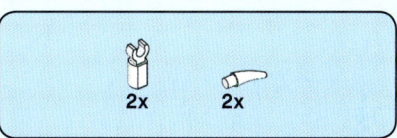

2x

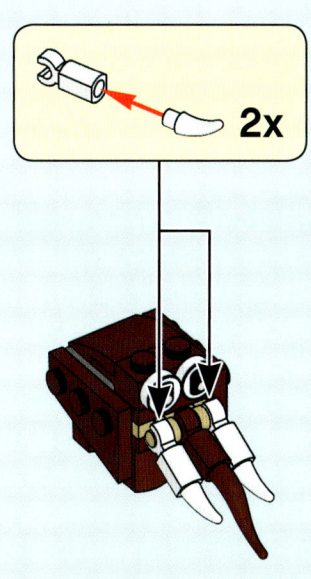

Pagoda

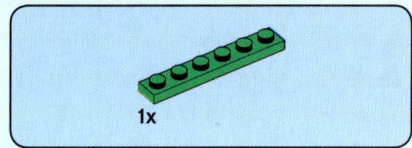

1

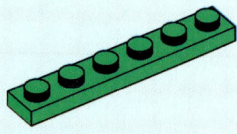

2

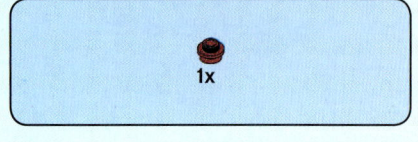

3

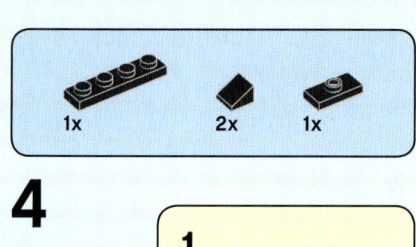

4

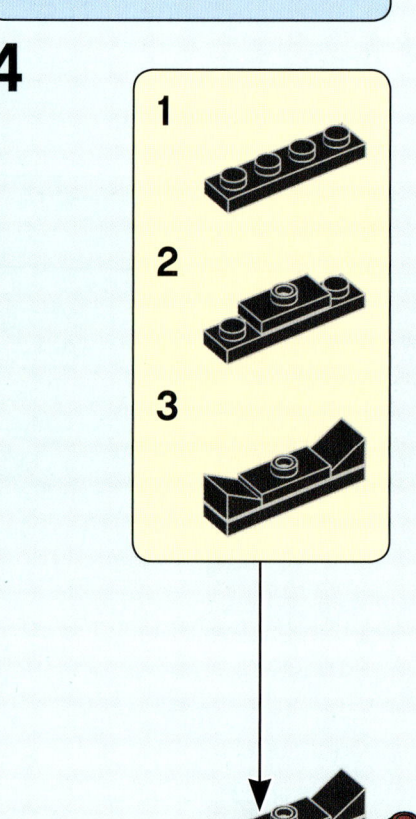

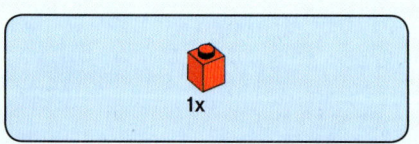

5

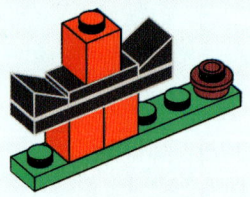

6

1x

7

6x 1x

1 2

Geirfa

Balŵn aer poeth

Moai

Teml Maiaidd

adeiladu
Codi strwythurau newydd, er enghraifft palasau, neu ddinasoedd cyfan.

anheddiad
Man lle mae grŵp o bobl yn symud i wneud eu cartref parhaol. Anheddiad bach yw pentref; anheddiad mawr yw dinas.

annibyniaeth
Pan fydd un wlad ddim yn cael ei rheoli gan wlad arall, ac yn ei rheoli ei hun.

arbrawf
Prawf i weld sut mae rhywbeth yn gweithio. Mae gwyddonwyr yn gwneud arbrofion i weld a yw eu syniadau'n gywir.

arfwisg
Gorchudd cryf sy'n amddiffyn milwyr neu gerbydau mewn brwydr.

byddin
Grŵp mawr o filwyr sydd wedi'u hyfforddi i ymladd mewn brwydrau.

canoloesol
Cyfnod o hanes o tua 500 CC i 1450 CC. Yr Oesoedd Canol yw'r enw arall arno.

CC
Cyfnod Cyffredin.

CCC
Cyn y Cyfnod Cyffredin.

canrif
Cyfnod o 100 mlynedd. Rydyn ni'n byw yn yr 21ain ganrif CC, a ddechreuodd yn 2000 ac a fydd yn gorffen yn 2099.

cargo
Nwyddau yr oedd cerbyd neu anifeiliaid, fel ceffylau neu gamelod, yn eu cario o le i le.

cofeb
Adeilad neu strwythur sydd wedi'i godi i gofio am berson enwog neu ddigwyddiad pwysig.

concro
Trechu gwlad neu dir a chymryd rheolaeth drosto/drosti.

cyfandir
Ardal enfawr o dir. Mae gan y Ddaear saith cyfandir – Ewrop, Affrica, Asia, Gogledd America, De America, Awstralia, ac Antarctica.

cyfathrebu
Sut mae pobl yn trafod neu'n esbonio eu syniadau. Mae ysgrifennu a siarad yn ddulliau cyfathrebu.

darganfod
Dod o hyd i bethau sy'n newydd, er enghraifft, gwlad newydd, neu ddatblygiad gwyddonol.

Trên stêm

Caiac heliwr

Draig Tsieineaidd

Gorwel dinas

dyfeisiwr
Person sy'n creu syniad neu gynnyrch newydd sy'n newid sut rydyn ni'n gwneud pethau.

fforiwr
Rhywun sy'n mynd ar deithiau hir i ddarganfod lleoedd a phethau newydd.

gwareiddiad
Ffordd o fyw grŵp o bobl sy'n byw mewn ardal arbennig, er enghraifft, gwareiddiad Inca yn Ne America.

gwrthryfel
Pobl yn dod at ei gilydd i ymladd yn erbyn eu rheolwr neu eu llywodraeth eu hunain.

hynafiad
Aelod o'r teulu oedd yn byw amser maith yn ôl.

llwyth
Grŵp o bobl sy'n rhannu'r un hanes, yr un iaith a'r un ffordd o fyw.

llywodraeth
Grŵp o bobl sy'n gwneud y deddfau ac yn rheoli gwlad.

masnachu
Prynu a gwerthu nwyddau, neu eu cyfnewid am eitemau eraill.

masnachwr
Rhywun sy'n gwneud arian drwy brynu a gwerthu nwyddau.

peiriannydd
Person sy'n defnyddio gwyddoniaeth a mathemateg i adeiladu pethau neu i ddatrys problemau technegol.

prifddinas
Dinas fwyaf pwysig gwlad. Fel arfer dyma lle mae'r llywodraeth neu'r rheolwr.

rhyfelwr
Milwr, yn aml un sy'n fedrus iawn wrth ymladd.

technoleg
Defnyddio gwybodaeth i ddyfeisio pethau neu offer sy'n gwneud bywyd yn haws, neu'r offer eu hunain.

teml
Man lle mae pobl yn dod at ei gilydd i addoli duw neu dduwies.

teyrnas
Gwlad neu ardal sy'n cael ei rheoli gan frenin neu frenhines.

trethi
Arian mae'n rhaid i bobl ei dalu i'w llywodraeth am wasanaethau fel ysgolion ac ysbytai.

trydan
Math o ynni wedi'i greu gan ronynnau bach o'r enw electronau. Mae trydan yn gwneud i beiriannau symud. Hefyd mae'n cynhyrchu golau a gwres.

Ymerodraeth
Grŵp o wledydd sy'n cael ei reoli gan un llywodraeth neu berson.

Taj Mahal

Mynegai

Gorsaf ofod

Tân

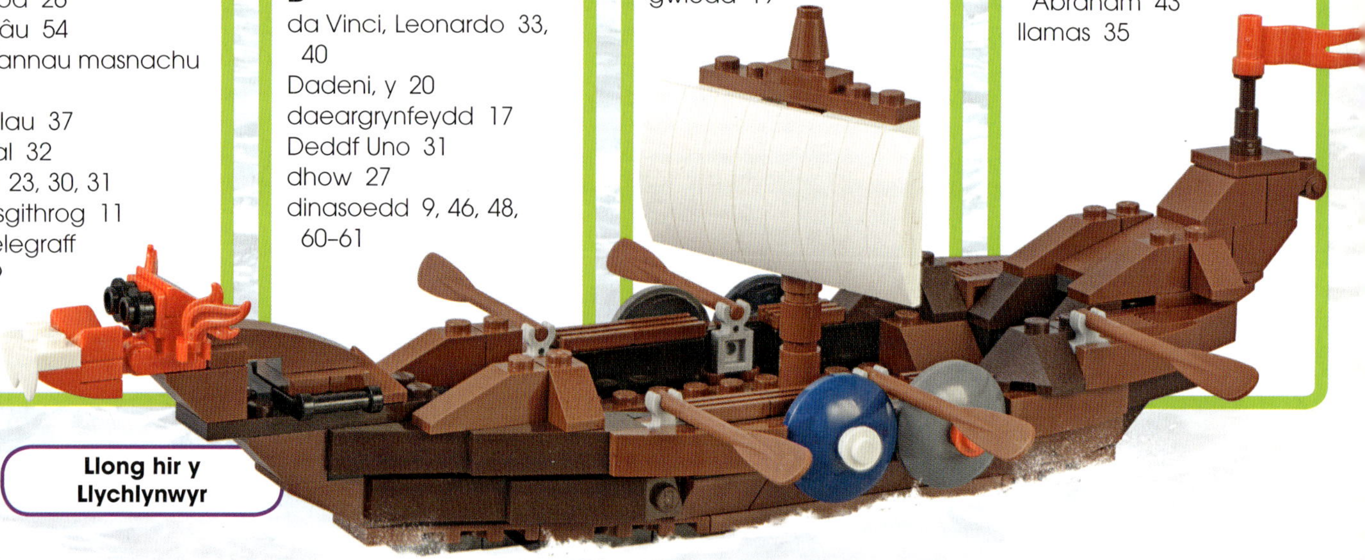

Llong hir y Llychlynwyr

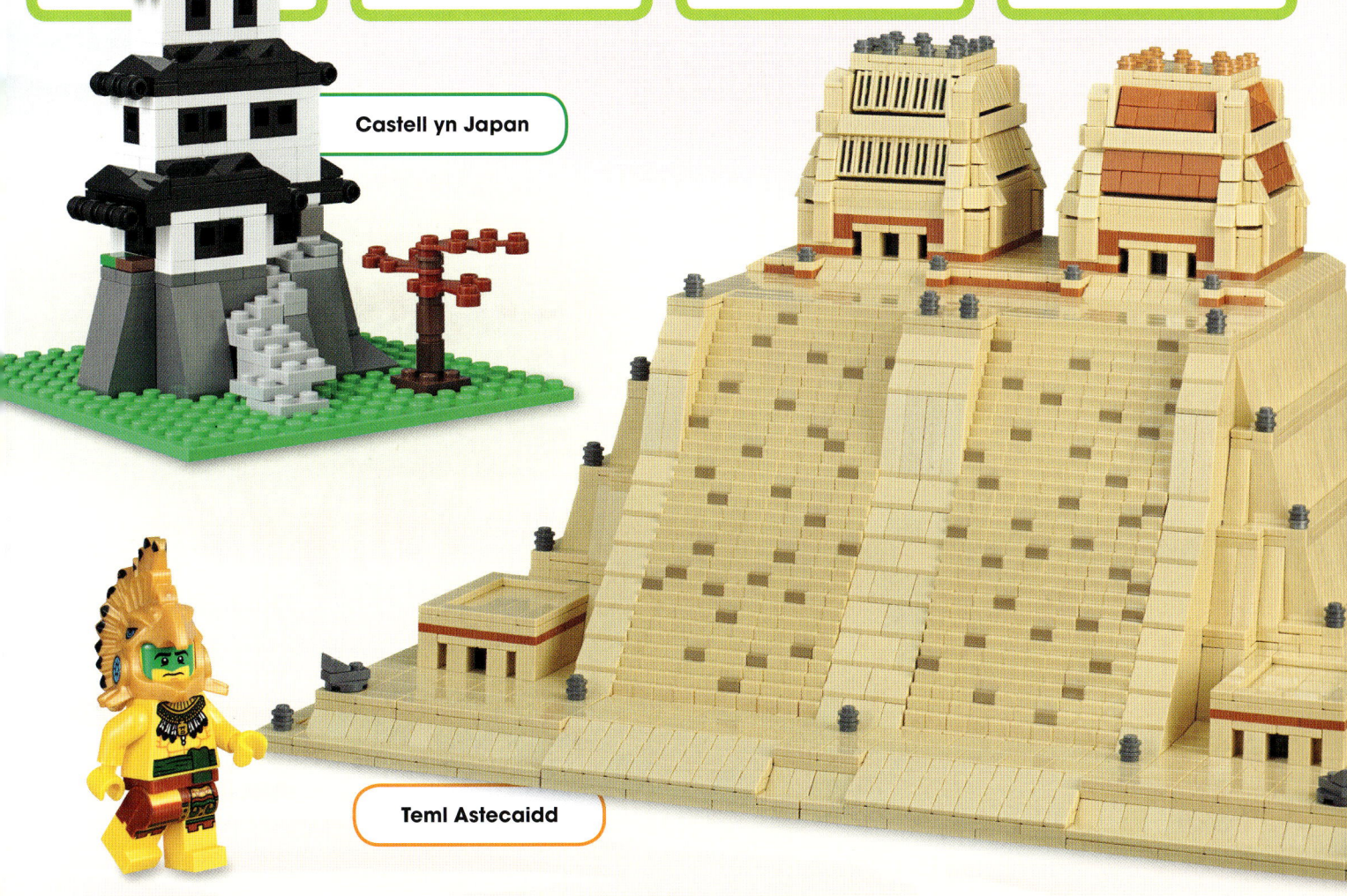

Castell yn Japan

Teml Astecaidd